Neun Erzählungen aus der Zeit zwischen 1900 und 1940 in russisch-deutschem Paralleldruck:
Valerij Brjussow: Ein Heruntergekommener entdeckt in einem vornehmen Haus eine gotische Statue, die seiner Jugendfreundin magisch ähnlich sieht...
Iwan Bunin: Nach einem Tag voller Regen und Langeweile begibt sich die Gutsherrschaft auf einen Spaziergang in den Wald – ein junges Mädchen graziös unter den Spaziergängern, ein kleiner Kadett davor...
Alexej Tolstoj: Unter den kriegsgefangenen Österreichern ist ein feiner, höflicher tschechischer Gärtner. Das Gutsfräulein fühlt sich ahnungsvoll angezogen...
Isaak Babel: Nach dem Einzug der Roten Armee erschrickt einer von Budjonnys Soldaten über das Chaos der Gegenstände und die Tragödie einer Familie...
Michail Scholochow: In den Revolutionskriegen gründet ein Kosak mit hundert Höfen eine selbständige Republik. Todesmutig will er sie gegen Eindringlinge und Konterrevolutionäre verteidigen...
Boris Pilnjak: Ein arrivierter Sowjetbürger grübelt zurück: Nach der niedergeschlagenen Revolution von 1905 hat er zusammen mit seiner Freundin einen Verräter getötet, pflichtgemäß. Auch: ihre Liebe getötet...
Jurij Olescha: Er liebte sie jünglingshaft, romantisch, ernst; sie liebte einen erwachsenen Mann. Zum Ruhme der unerfüllten Liebe soll ein Kirschbaum erschaffen werden, inmitten von modernen Wohnsilos...
Konstantin Paustowskij: Einem Kinderarzt wird ein Hase zur Sprechstunde gebracht. Er soll unbedingt geheilt werden, denn er hat sich auf erstaunliche Weise um Großväterchen verdient gemacht...
Valentin Katajew: Da der Inhaber der Schaubude «Praktisches Ringewerfen» seine Tochter nicht hergeben will, faßt Genosse Pas... ...ischen Plan und beginnt zu trainieren.

dtv zweisprachig · Edition Langewiesche-Brandt

Auf der Grundlage der Übersetzungen von Johannes von Guenther, Dmitri Umanski (Babel; mit Zustimmung des Verlages Volk und Welt, Berlin/DDR) und Reinhard Damerau (Pilnjak) redigiert und herausgegeben von Helmuth Dehio

Deutscher Taschenbuch Verlag GmbH & Co. KG München
Februar 1976
Umschlaggestaltung: Celestino Piatti
Gesamtherstellung: Kösel, Kempten
Printed in Germany. ISBN 3-423-09108-8

Новая русская проза

Moderne russische Prosa

Deutscher Taschenbuch Verlag

Валерий И. Брюсов – Мраморная головка 6
Valerij Brjussow: Das Marmorköpfchen 7

Иван А. Бунин – Первая любовь 18
Iwan Bunin: Erste Liebe 19

Алексей Н. Толстой – Маша 22
Alexej Tolstoj: Mascha 23

Исаак Е. Бабель – Переход через Збруч 38
Isaak Babel: Der Übergang über den Sbrutsch 39

Михаил А. Шолохов:
   Председатель реввоенсовета республики 42
Michail Scholochow:
   Der Vorsitzende des Revmilsowjets der Republik 43

Борис А. Пильняк – Без названья 56
Boris Pilnjak: Ohne Benennung 57

Юрий К. Олеша – Вишневая косточка 72
Jurij Olescha: Der Kirschkern 73

Константин Г. Паустовский – Заячьи лапы 98
Konstantin Paustowskij: Hasenpfoten 99

Валентин П. Катаев – Ножи 112
Valentin Katajew: Die Messer 113

Notizen zu den Autoren 143

Валерий И. Брюсов – Мраморная головка

Его судили за кражу и приговорили на год в тюрьму. Меня поразило и то, как этот старик держал себя на суде, и самая обстановка преступления. Я добился свидания с осужденным. Сначала он дичился меня, отмалчивался, наконец, рассказал мне свою жизнь.

– Вы правы, – начал он, – я видал лучшие дни, не всегда был уличным горемыкой, не всегда засыпал в ночлежных домах. Я получил образование, я – техник. У меня в юности были кое-какие деньжонки, я жил шумно: каждый день на вечере, на балу, и все кончалось попойкой. Это время я помню хорошо, до мелочей помню. Но есть в моих воспоминаниях пробел, и, чтобы заполнить его, я готов отдать весь остаток моих дряхлых дней: это – все, что относится к Нине.

Ее звали Ниной, милостивый государь, да, Ниной, я убежден в этом. Она была замужем за мелким чиновником на железной дороге. Они бедствовали. Но как она умела в этой жалкой обстановке быть изящной и как-то особенно утонченной! Она сама стряпала, но ее руки были как выточеные. Из своих дешевых платьев она создавала чудесный бред. Да и все повседневное, соприкасаясь с ней, становилось фантастическим. Я сам, встречаясь с ней, делался иным, лучшим, стряхивал с себя, как дождь, всю житейскую пошлость.

Бог простит ей грех, что она любила меня. Кругом было все так грубо, что она не

Valerij Brjussow: Das Marmorköpfchen

Er wurde wegen Diebstahls zu einem Jahr Gefängnishaft verurteilt. Mich überraschten die Haltung des Alten vor dem Gericht wie auch die besonderen Umstände des Verbrechens. Ich erhielt die Erlaubnis, ihn zu besuchen. Anfangs hatte er eine gewisse Scheu vor mir, schwieg, dann aber erzählte er mir doch sein Leben.

«Sie haben recht», begann er, «ich habe bessere Tage gesehen, war nicht immer ein Herumtreiber, schlief nicht immer in Nachtasylen. Ich habe eine Ausbildung erhalten, ich bin Techniker. Als ich jung war, da hatte ich schon Geld, lebte geräuschvoll: jeden Tag irgendeine Abendgesellschaft, ein Ball, und alles endete immer mit einem Saufgelage. An diese Zeit erinnere ich mich gut, selbst an Kleinigkeiten. Aber in meinen Erinnerungen ist eine Lücke, und um sie auszufüllen, würde ich den ganzen Rest meiner lumpigen Tage hingeben: sie betrifft alles das, was sich auf Nina bezieht.

Sie hieß Nina, gnädiger Herr, ja, Nina, davon bin ich überzeugt. Sie war mit einem niederen Eisenbahnbeamten verheiratet.

Sie waren arm. Aber wie verstand sie es, in dieser kärglichen Atmosphäre schön zu sein und so besonders fein! Sie kochte selbst, aber ihre Hände waren wie gemeißelt. Aus ihren billigen Kleidern schuf sie wundervolle Träume.

Ja, und auch alles Alltägliche, das mit ihr in Berührung kam, wurde phantastisch. Ich selbst wurde unter ihrem Einfluß ein anderer, Besserer, die ganze Gemeinheit des Lebens schüttelte ich von mir ab wie Regentropfen.

Gott verzeih ihr die Sünde, daß sie mich liebte. Rings war alles so ungeschliffen, daß sie mich lieben mußte,

могла не полюбить меня, молодого, красивого, знавшего столько стихов наизусть. Но где я с ней познакомился и как, – этого я уже не могу восстановить в своей памяти. Вырываются из мрака отдельные картины. Вот мы в театре. Она, счастливая, веселая (ей это выпадало так редко!), впивает каждое слово пьесы, улыбается мне... Её улыбку я помню. Потом мы вдвоем где-то. Она наклонила голову и говорит мне: «Я знаю, что ты – мое счастье не надолго; пусть, – все-таки я жила». Эти слова я помню. Но что было тотчас после, да и правда ли, что все это было с Ниной? Не знаю.

Конечно, я первый бросил ее. Мне казалось это так естественно. Все мои товарищи поступали так же: заводили интрижку с замужней женщиной и, по прошествии некоторого времени, бросали ее. Я только поступил, как и все, и мне даже на ум не приходило, что мой поступок дурен. Украсть деньги, не заплатить долг, сделать донос, – это дурно, но бросить любовницу, – только в порядке вещей. Предо мной была блестящая будущность, и я не мог связывать себя какой-то романтической любовью. Мне было больно, очень больно, но я пересилил себя и даже видел подвиг в том, что решился перенести эту боль.

Я слышал, что Нина после того уехала с мужем на юг и вскоре умерла. Но так как воспоминания о Нине все же были мне мучительны, я избегал тогда всяких вестей о ней. Я старался ничего не знать про нее и не думать о ней. У меня не осталось её

mich, den Jungen, Hübschen, der so viele Verse auswendig konnte. Doch wo ich mit ihr bekannt wurde und wie, dessen kann ich mich schon nicht mehr entsinnen. Aus dem Dunkel reißen sich einige Bilder.

Wir sind im Theater. Sie ist glücklich und lustig (o, wie selten geschah ihr das!), trinkt sozusagen jedes Wort des Schauspiels, lächelt mir zu... O, dieses Lächeln kenne ich noch. Dann sind wir irgendwo zu zweien. Sie neigt den Kopf und sagt mir: ‹Ich weiß, du wirst mein Glück nicht lange bleiben; sei es immerhin, so habe ich doch gelebt.› O, diese Worte habe ich behalten. Doch was gleich danach war – und ob dies mit Nina überhaupt wahr ist? Ich weiß es nicht.

Natürlich verließ ich sie. Mir erschien das so selbstverständlich. Alle meine Kollegen handelten so: sie traten in Beziehung zu einer verheirateten Frau und verließen sie wieder nach einiger Zeit. Ich handelte nur wie alle, und mir kam kein Gedanke daran, daß mein Verhalten schlecht sei.

Geld stehlen, Schulden nicht zurückzahlen, jemanden denunzieren – das ist übel; doch eine Geliebte sitzen lassen, das liegt in der Ordnung der Dinge. Vor mir lag eine glänzende Zukunft, und ich konnte mich nicht binden lassen durch irgendeine romantische Liebe. Es war mir schmerzlich, sehr schmerzlich, aber ich überwand mich und sah sogar eine Tat darin, daß ich den Entschluß gefaßt hatte, dieses Weh zu überstehen.

Ich hörte, daß Nina kurz darauf mit ihrem Mann nach dem Süden gereist und bald gestorben sei. Doch da Erinnerungen an sie mich quälten, vermied ich damals alle Nachrichten über sie. Ich bemühte mich, nicht an Nina zu denken und nichts von ihr zu erfahren. Ihr Porträt besaß ich nicht mehr, ihre Briefe hatte ich ihr

портрета, её письма я ей возвратил, общих знакомых у нас не было, – и вот постепенно образ Нины стерся в моей душе. Понимаете? – Я понемногу пришел к тому, что забыл Нину, забыл совершенно, её лицо, её имя, всю нашу любовь. Стало так, как если бы её совершенно не существовало в моей жизни... Ах, есть что-то постыдное для человека в этой способности забывать!

Шли годы. Уж не буду вам рассказывать, как я «делал карьеру». Без Нины, конечно, я мечтал только о внешнем успехе, о деньгах. Одно время я почти достиг своей цели, мог тратить тысячи, живал по заграницам, женился, имел детей. Потом все пошло на убыль; дела, которые я затевал, не удавались; жена умерла; побившись с детьми, я их рассовал по родственникам, и теперь, прости мне Господи, даже не знаю, живы ли мои мальчишки. Разумеется, я пил и играл... Основал, было, я одну контору, не удалось, загубил на ней последние деньги и силы. Попытался поправить дело игрой, и чуть не попал в тюрьму, – да и не совсем без основания... Знакомые от меня отвернулись, и началось мое падение.

Понемногу дошел я до того, чем вы меня ныне видите. Я, так сказать, «выбыл» из интеллигентного общества и опустился на дно. На какое место мог я претендовать, одетый плохо, почти всегда пьяный? Последние годы служил я месяцами, когда не пил, на заводах рабочим. А когда пил, – попадал на Хитров рынок и в ночлежки. Озлобился я на людей страшно, и все меч-

zurückgegeben, gemeinsame Freunde hatten wir nicht – und so verwischte sich Ninas Bild nach und nach in mir. Verstehen Sie? – ich kam allmählich dazu, daß ich Nina vergaß, völlig vergaß, ihr Antlitz, ihren Namen und unsere ganze Liebe.

Es wurde so, als hätte ich sie nie in meinem Leben gefühlt... Ach, es liegt etwas Schmähliches für einen Menschen in dieser Fähigkeit zu vergessen!

Nun, die Jahre vergingen. Ich brauche Ihnen wohl nicht zu erzählen, wie ich Karriere machte. Ohne Nina dachte ich natürlich nur an äußeren Erfolg, an Geld. Eine Zeitlang hatte ich fast mein Ziel erreicht, konnte Tausende vergeuden, lebte im Ausland, heiratete, hatte Kinder. Dann kamen die Verluste; Geschäfte, die ich begann, mißglückten; die Frau starb; zerstritten mit den Kindern, gab ich sie zu Verwandten und jetzt, Gott verzeih mir, weiß ich nicht mal, ob meine Jungen noch leben. Natürlich trank ich und spielte... Dann eröffnete ich ein Geschäft, es kam nichts dabei heraus, ich verlor nur mein letztes Geld und meine letzten Kräfte. Ich versuchte, meine Lage durchs Spiel zu verbessern, wodurch ich fast ins Gefängnis gekommen wäre – nicht einmal ohne Grund... meine Bekannten wandten sich von mir ab, und so begann mein Abstieg.

Allmählich sank ich zu dem herab, als den Sie mich heute hier sehen. Ich fiel sozusagen aus der Intelligenz-Schicht heraus und sank ganz tief. Und auf welchen Posten hätte ich wohl, schlecht gekleidet und fast stets betrunken, Anspruch erheben können? In den letzten Jahren diente ich wohl einige Monate, während ich nicht trank, als Arbeiter in verschiedenen Fabriken. Doch wenn ich trank, fand ich mich auf dem Trödelmarkt und in den Nachtasylen wieder. Auf die Menschen hatte ich eine furchtbare Wut, und immer träumte ich, das Schick-

тал, что вдруг судьба переменится и я буду опять богат. Наследства какого-то несуществующего ждал, или чего-то подобного. Своих товарищей за то и презирал, что у них этой надежды не было.

Так вот однажды, продрогший и голодный, брожу я по какому-то двору, уже сам не знаю зачем, случай привел. Вдруг повар кричит мне: «Эй, любезный, ты не слесарь ли?» — «Слесарь», — отвечаю. Позвали меня замок в письменном столе исправить. Попал я в роскошный кабинет, везде позолота, картины. Поработал я, сделал, что надо, и выносит мне барыня рубль. Я беру деньги и вдруг вижу, на белой колонке, мраморную головку. Сначала обмер, сам не зная почему, всматриваюсь и верить не могу: Нина.

Говорю вам, милостивый государь, что Нину я забыл совсем, и тут-то именно впервые это и понял: понял, что забыл её. Вдруг выплыл предо мной её образ, и целая вселенная чувств, мечтаний, мыслей, которая погребена была в моей душе, словно какая-то Атлантида, — пробудилась, воскресла, ожила... Смотрю я на мраморный бюст, сам дрожу и спрашиваю: «Позвольте узнать, сударыня, что это за головка?» — «А это, — отвечает она, — очень дорогая вещь, пятьсот лет назад сделана, в XV веке». Имя художника назвала, я не разобрал, сказала, что муж вывез эту головку из Италии, и что через то целая дипломатическая переписка возникла между итальянским и русским кабинетами. «А что, — спра-

sal würde sich plötzlich ändern und ich würde plötzlich wieder reich werden. Eine Erbschaft, die nie existierte, erwartete ich oder irgendetwas Ähnliches. Meine neuen Kameraden verachtete ich, weil sie diese Hoffnung nicht hatten.

So trieb ich mich denn einmal frierend und hungrig auf irgend einem Hofe herum, weiß selbst nicht warum, ich glaube, der Zufall führte mich dahin. Plötzlich redet mich ein Koch an: ‹Freund, bist du nicht am Ende ein Schlosser?› ‹Das bin ich›, antwortete ich. Man hieß mich ein Schreibtischschloß zurecht machen. Ich wurde in ein prachtvolles Kabinett geführt; überall Vergoldung und Bilder. Ich arbeitete, reparierte, was nötig war, und die Gnädige gab mir einen Rubel. Das Geld nehmend, erblickte ich plötzlich ein auf einer Säule stehendes Köpfchen aus Marmor. Ich ersterbe, begreife nicht, warum, schaue es an und will meinen Augen nicht trauen: es war Nina!

Ich sage Ihnen, lieber Herr, ich hatte Nina völlig vergessen und dort begriff ich es erst, daß ich sie vergessen hatte. Plötzlich tauchte ihr Bild vor mir auf, und ein ganzes Weltall von Gefühlen, Träumen und Gedanken, das in meiner Brust begraben gelegen hatte, erwachte, erstand und gewann Leben... Ich schaute die Marmorbüste an, ich zitterte und fragte: ‹Gnädige Frau, gestatten Sie mir zu fragen, was das für ein Köpfchen ist?› ‹Das›, antwortete sie, ‹ist eine sehr wertvolle Sache, die vor fünfhundert Jahren gemacht worden ist, im 15. Jahrhundert.›

Sie nannte mir auch den Namen des Künstlers, den ich aber nicht kannte, sagte, daß ihr Mann das Köpfchen aus Italien mitgebracht habe, und daß daraus eine ganze diplomatische Affäre zwischen dem italienischen und dem russischen Kabinett entstanden war. ‹Nun›, fragte mich die Dame, ‹gefällt

шивает меня барыня, – или вам понравилось? Какой у вас, однако, современный вкус? Ведь уши, – говорит, – не на месте, нос неправилен...» – и пошла! и пошла!

Выбежал я оттуда как в чаду. Это не сходство было, а просто портрет, даже больше – какое-то воссоздание жизни в мраморе. Скажите мне, каким чудом художник в XV столетии мог сделать те самые маленькие, криво посаженные уши, которые я так знал, те самые чуть-чуть раскосые глаза, неправильный нос и длинный наклоненный лоб, из чего неожиданно получилось самое прекрасное, самое пленительное женское лицо? Каким чудом две одинаковые женщины могли жить – одна в XV веке, другая в наши дни? А что та, с которой делалась головка, была именно одинакова, тождественна с Ниной, не только лицом, но и характером, и душой, я не мог сомневаться.

Этот день изменил всю мою жизнь. Я понял и всю низость своего поведения в прошлом, и всю глубину своего падения. Я понял Нину, как ангела, посланного мне судьбой, которого я не признал. Вернуть прошлое невозможно. Но я с жадностью стал собирать воспоминания о Нине, как подбирают черепки от разбившейся драгоценной вазы. Как мало их было! Сколько я ни старался, я не мог составить ничего целого. Все были осколки, обломки. Но как ликовал я, когда мне удавалось обрести в своей душе что-нибудь новое. Задумавшись и вспоминая, я проводил целые часы;

Ihnen denn das Köpfchen? Was haben Sie für einen hochmodernen Geschmack! Die Ohren›, sagte sie, ‹sind nicht am Platze, die Nase ist unregelmäßig...› und schwatzt und schwatzt!

Wie verhext lief ich aus dem Hause. Das war nicht nur Ähnlichkeit, das war ein Porträt, sogar noch mehr, das war eine Wiedergeburt in Marmor. Sagen Sie mir bitte, durch welch ein Wunder konnte ein Künstler des 15. Jahrhunderts diese selben mir so bekannten kleinen, ein wenig schief angesetzten Ohren schaffen, die ich so gut kannte, diese selben kaum mandelförmigen Augen, die unregelmäßige Nase und die lange, zurückweichende Stirn, aus denen sich ganz unerwartet das schönste, das allerreizendste, allerfaszinierendste Frauengesicht zusammensetzte? Welch ein Wunder ließ zwei völlig gleiche Frauen leben, die eine im 15. Jahrhundert, die andere in unseren Tagen? Denn daß jene, nach welcher der Marmorkopf gemacht wurde, nicht nur im Gesicht, sondern auch dem Charakter, der Seele nach völlig gleichartig, ja identisch mit Nina war, kann ich nicht bezweifeln.

Dieser Tag änderte mein ganzes Leben. Ich begriff sowohl die ganze Niedrigkeit meines Verhaltens in der Vergangenheit, als auch die Tiefe meines Sturzes. Ich begriff, daß Nina der Engel war, den mir das Schicksal gesandt hatte und den ich nicht erkannt hatte. Es ist unmöglich, das Vergangene zurückzurufen. Doch gierig begann ich alle Erinnerungen an Nina zu samfeln, so wie man zuweilen die Scherben einer zerbrochenen kostbaren Vase auflies. O, wie wenig war es! Trotz aller Mühe konnte ich nichts Ganzes zusammenstellen. Es waren nur Splitter, Trümmer. Doch wie jubelte ich, wenn es mir gelang, in meiner Seele irgend etwas Neues zu finden. Nachdenkend und mich erinnernd verbrachte ich ganze Stunden; man lachte über

надо мной смеялись, а я был счастлив. Я стар, мне поздно начинать жизнь сызнова, но я еще могу очистить свою душу от пошлых дум, от злобы на людей и от ропота на Создателя. В воспоминаниях о Нине я находил это очищение.

Страстно мне хотелось посмотреть на статую еще раз. Я бродил целые вечера около дома, где она стояла, стараясь увидеть мраморную головку, но она была далеко от окон. Я простаивал ночи перед домом. Я узнал всех живущих в нем, расположение комнат, завел знакомство с прислугой. Летом владельцы уехали на дачу. И я не мог более бороться со своим желанием. Мне казалось, что, взглянув еще раз на мраморную Нину, я сразу вспомню все, до конца. Это было бы для меня последним блаженством. И я решился на то, за что меня судили. Вы знаете, что мне не удалось. Меня схватили еще в передней. На суде выяснилось, что я был в комнатах под видом слесаря, что меня не раз замечали подле дома... Я был нищий, я взломал замки... Впрочем, история кончена, милостивый государь!

— Но мы подадим апелляцию, — сказал я, — вас оправдают.

— К чему? — возразил старик. — Никого мое осуждение не опечалит и не обесчестит, а не все ли равно, где я буду думать о Нине — в ночлежном доме или в тюрьме?

Я не нашелся, что ответить, но старик вдруг поднял на меня свои странные выцветшие глаза и продолжал:

mich und doch war ich glücklich. Ich bin alt, es ist für mich zu spät, mein Leben von neuem zu beginnen. Aber noch kann ich meine Seele von schlechten Gedanken befreien, vom Menschenhaß und vom Murren gegen den Schöpfer. Und in der Erinnerung an Nina fand ich diese Reinigung.

Ich hatte ein leidenschaftliches Verlangen, die Statue noch einmal zu sehen. Ich strich ganze Abende in der Nähe des Hauses herum, in welchem sie stand, und bemühte mich, das Köpfchen aus Marmor zu erblicken; doch es stand zu weit von den Fenstern. Ganze Nächte verbrachte ich vor dem Hause. Ich sah alle, die darin lebten, merkte mir die Verteilung der Zimmer, knüpfte mit der Bedienung Bekanntschaften an. Im Sommer fuhren die Besitzer aufs Land. Und länger konnte ich mein Verlangen auch nicht bekämpfen. Ich glaubte, wenn ich noch einmal die marmorne Nina ansehen könnte, würde ich mich an alles erinnern können, an alles bis zum Ende. Das wäre mein letztes Glück gewesen. Und ich entschloß mich zu dem, wofür man mich verurteilt hat. Sie wissen, es gelang mir nicht, man ergriff mich schon im Vorzimmer. Auf dem Gericht stellte sich heraus, daß ich als Schlosser in den Zimmern gewesen war, und daß man mich nicht selten in der Nähe des Hauses gesehen hatte... Ich war ein Bettler, so hatte ich eben die Schlösser erbrochen... Übrigens, die Geschichte ist aus, gnädiger Herr!»

«Aber wir wollen Berufung einlegen», sagte ich; «man wird Sie freisprechen.»

«Wozu?» entgegnete der Alte. «Meine Verurteilung betrübt oder entehrt niemanden, und ist es nicht im Grunde gleich, wo ich an Nina denke, im Nachtasyl oder im Gefängnis?»

Ich fand nichts zu erwidern, doch der Alte hob plötzlich seine seltsam verblichenen Augen zu mir auf und sagte noch:

— Одно меня смущает. Что, если Нины никогда не было, а мой бедный ум, ослабев от алкоголя, выдумал всю историю этой любви, когда я смотрел на мраморную головку?

Иван А. Бунин – Первая любовь

Лето, именье в лесном западном краю.

Весь день проливной свежий дождь, его сплошной шум по тесовой крыше. В притихшем доме сумрак, скучно, на потолке спят мухи. В саду покорно никнут под водяной бегущей сетью мокрые деревья, красные цветники у балкона необыкновенно ярки. Над садом, в дымном небе, тревожно торчит аист: почерневший, похудевший, с подогнутым хвостом и обвислой косицей, стал на краю своего гнезда в верхушке столетней березы, в развилинах ее голых белых сучьев, и порой, негодуя, волнуясь, подпрыгивая, крепко, деревянно стучит клювом: что же это такое, потоп, настоящий потоп!

Но вот, часа в четыре, дождь светлей, реже. Ставят самовар в сенцах – бальзамический запах дыма стелется по всей усадьбе.

А к закату совсем чисто, тишина, успокоение. Господа и те, что гостят у них, идут в бор на прогулку.

Уже синеет вечер.

В просеках бора, устланных желтой хво-

«Eines beunruhigt mich. Wie, wenn Nina niemals existiert hätte, wenn nur mein armer, durch Alkohol geschwächter Verstand sich die ganze Geschichte dieser Liebe erdacht hätte, während ich das marmorne Köpfchen ansah?»

Iwan Bunin: Erste Liebe

Sommer, ein Gut im westlichen Waldgebiet.

Den ganzen Tag strömender frischer Regen, sein ununterbrochenes Trommeln auf dem Schindeldach. Im still gewordenen Hause ist es dämmrig, langweilig, an den Zimmerdecken schlafen die Fliegen. Im Garten neigen sich die nassen Bäume ergeben unter dem fließenden Wassernetz, die roten Blumenbeete vor dem Balkon erscheinen ungewöhnlich leuchtend. In den dunstigen Himmel über dem Garten ragt ein beunruhigter Storch; dunkel und abgemagert, steht er mit herabgebogenem Schwanz und naß hängendem Federkleid auf dem Rande seines Nestes im Wipfel einer hundertjährigen Birke an der Gabelung ihrer kahlen weißen Äste; unzufrieden und aufgeregt tanzt er von Zeit zu Zeit herum und klappert kräftig und hölzern mit dem Schnabel: was ist denn das, Sintflut, eine richtige Sintflut!

Doch siehe da, gegen vier Uhr wird der Regen lichter und läßt nach. Der Samowar wird im Hausflur gerichtet – ein balsamischer Duft von Rauch zieht durch den ganzen Gutshof.

Und zum Sonnenuntergang wird es klar: Stille, Beruhigung. Die Herrschaft und ihr Besuch begeben sich zu einem Spaziergang in den Wald.

Schon blaut der Abend.

Die Pfade in den Waldschneisen, von gilbenden Tan-

ей, дороги влажны и упруги. Бор душист, сыр и гулок: чей-то дальний голос, чей-то протяжный зов или отклик дивно отдается в самых дальних чащах. Просеки кажутся узки, пролеты их стройны, бесконечны, уводят своей вечерней далью. Бор вдоль них величаво-громаден, стоит темно, тесно; мачты его в верхушках голы, гладки, красны; ниже они серы, корявы, мшисты, сливаются друг с другом: там мхи, лишаи, сучья в гнили и еще в чем-то, что висит подобно зеленоватым космам сказочных лесных чудищ, образуют дебри, некую дикую русскую древность. А пока выходишь на поляну, радует юная сосновая поросль: она прелестного бледного тона, зелени нежной, болотной, легка, но крепка и ветвиста; вся еще в брызгах и мелкой водяной пыли, она стоит как бы под серебристой кисеей в блестках...

В тот вечер бежали впереди гулявших маленький кадетик и большая добрая собака, — всё время играя, обгоняя друг друга. А с гулявшими степенно, грациозно шла девочка-подросток с длинными руками и ногами, в клетчатом легком пальтишке, почему-то очень милом. И все усмехались — знали, отчего так бежит, так неустанно играет и притворно веселится кадетик, готовый отчаянно заплакать. Девочка тоже знала и была горда, довольна. Но глядела небрежно и брезгливо.

nennadeln bedeckt, sind naß und elastisch. Der Wald duftet, er ist feucht und voll widerhallender Laute: eine ferne Stimme, ein getragener Ruf oder seine Antwort tönen wunderbar aus den entlegensten Dickichten. Die Schneisen scheinen eng, ihre Fluchten regelmäßig, endlos, in abendliche Ferne führend. An ihnen entlang ragt der Forst majestätisch-riesig, dunkel und dicht; seine Mastbäume sind in den Wipfeln nackt, glatt und rot; weiter unten sind sie grau und borkig, bemoost und wie miteinander verwachsen: dort bilden Moos, Baumflechten und faulende Zweige, behaftet mit etwas, das gleich grünlichen Zottelbärten märchenhafter Waldfabelwesen herabhängt, ein undurchdringliches Dickicht, gewissermaßen verwildertes russisches Altertum. Bevor du aber auf die Lichtung hinaustrittst, freut dich der junge Kiefern-Nachwuchs, er ist von bezaubernd blasser Tönung in einem sanften Sumpfgrün, leicht, doch fest und astreich; noch ganz voll von Spritzern und feinstem Wasserstaub steht er da wie unter einem glitzernden Silberschleier...

An jenem Abend liefen vor den Spaziergängern her ein kleiner Kadett und ein großer braver Hund – immerzu miteinander spielend und sich gegenseitig überholend. Mit den Spaziergängern aber schritt gesetzt und graziös ein ganz junges Mädchen mit langen Armen und Beinen in einem karierten leichten Mantel, der irgendwie besonders lieblich anzusehen war. Und alle lächelten – sie wußten, warum der kleine Kadett so läuft und warum er so unablässig spielt und so übertrieben lustig tut, obwohl er doch nahe daran ist, in ein verzweifeltes Weinen auszubrechen. Das Mädchen wußte es auch und war stolz und befriedigt. Doch ihr Blick war lässig und leicht geringschätzig.

Алексей Н. Толстой – Маша

Каждый вечер за воротами усадьбы сидели и покуривали –
кривой конюх, садовник, два пленных венгра с черными усами и в синих кепи, надвинутых на глаза, и третий, тоже пленный, чех Ян Бочар.

Снизу из овражка тянуло болотцем и сладкими цветами, тыркал дергач.

За овражком на деревне брехала собака и кое-где светилось окошко, ужинали. Садовник, московский человек, очень вежливый, развязал из платочка гармонью и начал наигрывать, «Пускай могила меня накажет». И, точно зачарованная музыкой, появлялась в воротах Лиза, горничная, в белом фартучке и с гребенками, спрашивала тонким голосом: «Не видали, послушайте, Петра Саввича?» – и оставалась стоять у ворот. «Не видали, не видали Петра Саввича, не видали», – не спеша отвечал садовник и наигрывал еще жалобнее. Венгры сидели молча, вытянув жилистые ноги, засунув руки в карманы рейтуз. А Ян Бочар, сидя с краю, глядел, как в закате, среди разлившихся зеленых рек, лежат острова с золотыми очертаниями и на острове у ясного залива – высокий замок, оттуда точно улетает кто-то, заломивши руки, и гаснет, тает над зелеными речными полями.

Яна Бочара взяли в плен прошлым летом. Ночью налетел вдруг сильный ветер, зашумели сосны, с Яна сорвало брезентовую палатку. Подняв голову, он увидал в

Alexej Tolstoj: Mascha

Jeden Abend saßen sie vor dem Tor des Gutshofes und rauchten – der einäugige Pferdeknecht, der Gärtner, die zwei kriegsgefangenen Ungarn mit den schwarzen Schnurrbärten und den blauen bis auf die Augen herabgezogenen Käppis, sowie der dritte, ebenfalls ein Kriegsgefangener, der Tscheche Jan Botschar.

Unten aus der kleinen Schlucht zog ein Duft von Sumpf und süßen Blumen herauf, und der Wachtelkönig knarrte.

Jenseits der Schlucht im Dorf kläffte ein Hund, und hier und da war ein Fenster erleuchtet – man aß zu Abend. Der Gärtner, ein sehr höflicher Mann aus Moskau, wickelte seine Ziehharmonika aus einem Tuch und begann aufzuspielen: «Mag das Grab mich dafür bestrafen.» Und wie verzaubert von der Musik, erschien Lisa, die Zofe, im Tor mit ihrem weißen Schürzchen und ihren Kämmen und fragte mit feiner Stimme: «Hören Sie, haben Sie nicht Pjotr Sawwitsch gesehen?» und blieb am Tor stehen. «Nicht gesehen, nicht gesehen, haben wir Pjotr Sawwitsch, nicht gesehen», entgegnete träge der Gärtner und spielte noch wehmütiger. Die Ungarn saßen stumm da, die muskulösen Beine ausgestreckt und die Hände in den Taschen ihrer Reithosen. Jan Botschar aber, der etwas abseits saß, sah, im Sonnenuntergang, mitten im Grün flutender Ströme, Inseln mit goldenen Umrissen liegen, und auf der einen Insel an einer hell leuchtenden Bucht ein hohes Schloß, von wo eine Gestalt mit gerungenen Armen wegfliegt und erlischt, hinschmilzt über den Auen der grünen Ströme.

Jan Botschar war im vorigen Sommer in Gefangenschaft geraten. Nachts hatte plötzlich ein starker Wind eingesetzt, die Kiefern hatten gerauscht und Jans Zeltplane war über ihm weggerissen worden. Den Kopf

свету молнии, как по траве волокло ободранную кожу, летели шапки, обрывки бумаги, и ударил такой гром – господи, помилуй! – что выстрелы показались трескотней орехов. После того Ян вместе с другими побежал к лесу, стал животом к дереву и стрелял в темноту, покуда не вышли патроны. И, наконец, полил дождь, крупный, потоками, трещали молнии, озаряя сеть дождя и серые колоннады сосновых стволов. Между ними метались какие-то фигуры. Это были русские. Один, широколицый бородатый человек, без винтовки, словно закивал Яну, подскочил к нему и ударил в лицо кулаком. Ян потерял сознание, и от этого удара полетел в глубь России, и вот сидит здесь, у ворот.

В сумерках на степной дорожке появилось белое платье. У Яна вздрогнули губы под мягкими усами. Платье приблизилось, оказалось молодой женщиной в соломенной шляпе с двумя ленточками, – это была Маша, племянница здешнего хозяина. Она вытянула ногу в белом чулке, легко перешагнула через лужу у ворот, оглянулась на сидящих и ушла к себе на дачку. Дачка стояла среди берез, которые росли – как веники – пучками из одного корня. Ян поднялся и побрел в людскую – спать.

Назавтра Маша встала поздно, вышла на балкон и села в качалку. Всю усадьбу, как маревом, затянула июльская истома. На огороде, опустив руки, сидели три девки-пололщицы, и даже песни им лень было петь. К ним подбежал Петр Саввич, при-

hebend, sah er im Licht der Blitze, wie das abgerissene Leder über das Gras geschleift wurde, wie Mützen und Papierfetzen flogen, und dabei krachte ein solcher Donner – Herr erbarme Dich! – daß Schüsse dagegen wie das Knacken von Nüssen klangen. Hierauf lief Jan mit den anderen zum Wald, preßte sich mit dem Bauch an einen Baum und schoß in die Dunkelheit, bis ihm die Patronen ausgingen. Schließlich entlud sich ein Platzregen mit ungeheuren Güssen, und Blitze krachten und erleuchteten das Netz des Regens und die grauen Säulenreihen der Kiefernstämme. Zwischen denen liefen undeutliche Gestalten herum. Das waren die Russen. Einer, ein bärtiger Mann mit breitem Gesicht, ohne Gewehr, schien Jan direkt zuzunicken, sprang ihn an und schlug ihm mit der Faust ins Gesicht. Jan verlor das Bewußtsein und flog mit diesem Schlage in das tiefste Rußland hinein, und nun sitzt er hier vorm Tor.

Im Abenddämmern tauchte auf dem Steppenweg ein weißes Kleid auf. Jans Lippen zitterten unter dem weichen Schnurrbart. Das Kleid näherte sich, es stellte sich als eine junge Frau mit einem Strohhut mit zwei Bändern heraus – es war Mascha, die Nichte des hiesigen Gutsherrn. Sie streckte einen Fuß in weißem Strumpf vor und schritt leicht über die Pfütze am Tor, sie musterte die dort Sitzenden und ging weiter zu ihrer kleinen Datscha. Dieses Häuschen stand mitten in den Birken, die beinahe wie Rutenbesen in ganzen Bündeln aus einer Wurzel wuchsen. Jan erhob sich und schlenderte in die Leutekammer, um schlafen zu gehen.

Tags darauf stand Mascha spät auf, sie trat auf die Terrasse und setzte sich in den Schaukelstuhl. Julischwüle umhüllte das ganze Gut mit Dunst. Im Gemüsegarten hockten mit hängenden Armen drei Mädchen, die Unkraut zu jäten hatten, und waren selbst zum Singen zu träge. Pjotr Sawwitsch, der Verwalter, ein trockener,

казчик, сухой, досадный, в подтяжках, в войлочной шляпе, и начал кричать. По тропинке брел, опустив голову, красавец венгр, тянул за узды сонного мерина с бочкой, но не дошел до колодца, облокотился о плетень и стал глядеть на девок. Другой венгр, рябой, ходил с хворостиной за телятами, – не мог выгнать их из смородины. Мимо балкона, переваливаясь, пробежали утки и сели, – нечем было дышать. В воздухе стояли мухи. Суетясь, воробьи таскали паклю из стены дачи. Низко плыл коршун, и клушка внимательно смотрела на него, загнув гребешок.

Лежа в плетеной качалке, Маша читала Чехова, скрестила ноги в белых туфельках, запустила в волосы холодноватый, слоновой кости, ножик... Все тело ее под легким платьем было покрыто испариной... Подошла к балкону баба с решетом, полным грибов, вытирая нос, запросила два с полтиной за решето; передние зубы у нее были выбиты; Маша сказала: «Убирайтесь!»

Потом прошел мимо Ян Бочар с граблями на худом плече, пристально, как и все эти дни поглядел на Машу и приложил три пальца к козырьку.

– Послушайте, Ян! – позвала Маша. Он сейчас же бросил грабли в траву и быстро подошел, глаза его были почтительны и серьезны.

– Что я хотела сказать... Да, Ян, у вас на родине осталась семья?

– У меня остались мать и сестра...

– Вы очень скучаете по жене?

verdrossener Mann in Hosenträgern und Filzhut, eilte zu ihnen und begann sie anzuschreien. Auf einem Pfad schlenderte, den Kopf gesenkt, der schöne Ungar und führte den verschlafenen Wallach, der das Wasserfaß zog, am Zaum, doch er kam nicht bis zum Brunnen, er lehnte sich über den Flechtzaun und schaute die Mädchen an. Der andere Ungar, der pockennarbige, ging mit einer Gerte hinter den Kälbern her, und konnte sie nicht aus den Johannisbeerbüschen vertreiben. Watschelnd liefen Enten an der Terrasse vorbei und setzten sich – keine Luft zum Atmen. Fliegen standen in der Luft. Voller Eifer zupften die Spatzen Werg aus den Wänden der Datscha. Eine Weihe flog niedrig vorüber, und aufmerksam mit zurückgeworfenem Kamm beäugte die Glucke sie.

Im geflochtenen Schaukelstuhl liegend, las Mascha Tschechow, kreuzte die Füße in weißen Pantöffelchen und steckte das kühle Papiermesser aus Elfenbein in ihr Haar... Ihr ganzer Körper unter der leichten Kleidung war mit feinen Schweißperlen bedeckt... Ein Weib mit einem Sieb voll Pilzen kam zur Terrasse, wischte sich die Nase und verlangte Zweieinhalb für das Sieb; ihre Vorderzähne waren ausgeschlagen; Mascha sagte nur: «Packen Sie sich!»

Dann ging Jan Botschar vorbei, den Rechen über der mageren Schulter; er blickte Mascha, wie schon alle diese Tage, fest an und legte drei Finger an den Schirm seiner Mütze.

«Hören Sie mal, Jan!» rief Mascha. Er ließ sogleich den Rechen ins Gras fallen und trat schnell heran, seine Augen blickten respektvoll und ernst.

«Was ich sagen wollte... Ja, Jan, haben Sie in der Heimat Familie zurückgelassen?»

«Meine Mutter und meine Schwester sind dort geblieben...»

«Haben Sie große Sehnsucht nach Ihrer Frau?»

— Я не женат.

— Ах, вы не женаты. А вы хорошо говорите по-русски. Ян, голубчик, скосите, пожалуйста, крапиву на той дорожке, а то я хожу купаться и все руки себе острекала. Вот — больше ничего.

Маша подняла глаза и глядела на облако, тающее в юльской синеве. Налетел ветерок, и зашелестели березы листьями от вершины до корня.

В послеобеденный час, когда венгры храпели под яблоней, прикрыв фуражками лица, Ян наточил косу и выкосил всю крапиву, — теперь молодая дама может спокойно ходить купаться и не острекает рук. Крапиву он своллок в лес, а дорожку прополол. Прибежал Петр Саввич и кричал:

— Кто здесь распоряжается без моего позволения!

Потом послал Яна на выгон за мерином. Возвращаясь с лошадью, Ян видел, как по свежей дорожке шла Маша с мохнатым полотенцем. Испугавшись, что она станет благодарить, Ян нагнулся, будто бы рассматривая у лошади копыто, и мерин больно стегнул его хвостом по лицу.

К вечеру народ на усадьбе приободрился. Садовник, поиграв на гармонье, пропал как сквозь землю, а Лизу-горничную долго кричал с господского крыльца Петр Саввич. Кривой конюх полез через осоку на деревню; сказал, что за дегтем. Венгры пошли к барской кухне резать кур, Степанида — кухарка — так их и просила

«Ich bin nicht verheiratet.»

«Ach, Sie sind nicht verheiratet. Sie sprechen so gut russisch. Jan, Täubchen, mähen Sie doch bitte die Nesseln an jenem Weg dort ab, ich gehe dort zum Baden und habe mir immer die Hände dabei verbrannt. Das wäre alles.»

Mascha richtete die Augen empor und verfolgte eine Wolke, die im Juliblau hinschmolz. Ein Windchen kam auf, und die Birken raschelten mit den Blättern von der Krone bis untenhin.

In der Stunde nach Tisch, als die Ungarn unter dem Apfelbaum schnarchten, die Gesichter mit den Mützen zugedeckt, dengelte Jan die Sense und mähte das ganze Nesselgestrüpp ab – jetzt kann die junge Dame ruhig baden gehen und wird sich nicht die Hände verbrennen. Die Nesseln schleifte er zum Walde, den Weg jätete er durch. Pjotr Sawwitsch lief herbei und schrie:

«Wer hat hier etwas anzuordnen ohne meine Genehmigung!»

Dann schickte er Jan auf die Viehweide, den Wallach holen. Als er mit dem Pferde zurückkehrte, sah Jan, wie Mascha mit einem flauschigen Handtuch auf dem frischgemachten Wege ging. Befürchtend, daß sie sich vielleicht bedanken könnte, bückte sich Jan, als wolle er einen Huf des Pferdes betrachten und der Wallach peitschte ihn schmerzhaft mit dem Schweif ins Gesicht.

Gegen Abend wurden die Bewohner des Gutshofes munterer. Nachdem der Gärtner etwas auf der Harmonika gespielt hatte, verschwand er, als habe ihn die Erde verschluckt; vom Herrenhaus schrie Pjotr Sawwitsch lange nach Lisa, der Zofe. Der einäugige Pferdeknecht krabbelte durchs Riedgras zum Dorf; er sagte, er gehe Teer holen. Die Ungarn begaben sich zur Herrschaftsküche, um Hühner zu schlachten. Die Köchin Stepanida hatte sie darum gebeten: «Meine Herren Husaren,

«Господа гусары, зарежьте нам курицу, а то мы боимся». Усатые венгры лазали в кусты ловить курицу, потом резали ее при свечке, говорили по-венгерски, а после ужина пили втроем с кухаркой чай в дощатой кухне, полной мух, хватали Степаниду за полные руки.

На реке слышались песни и балалайка: это гуляли призывные — шатались всю ночь в новых картузах, с балалайкой, грозились запустить, кому нужно, красного петуха.

Ян пошел за граблями, брошенными давеча на лугу. Ветерок шелестел в темных очертаниях деревьев, и они затихли. Дача была вся в тени, но вот в окнах появился свет: со свечою шла Маша в белом халатике, сколотом у горла, остановилась, оглянулась — лицо у нее было точно у дитя — грустное, — взяла со стола платочек, вытерла глаза и ушла со свечой и платком.

Ян стоял и глядел на темные окна. Вдруг сзади в руку ткнулся холодный нос, подошла овчарка Милка, замотала хвостом и положила Яну когтистые лапы на грудь, морду сунула под мышку.

— Эх, собака, собака, — сказал Ян.

Утром Ян косил луг перед дачей. В длинных тенях от берез была еще прохлада, и трава в росе. Между желтоватой, поблескивающей зелени деревьев поднимался дымок из бани прозрачной струйкой. Медовым голосом, точно в дудку с водой, свистала иволга.

Когда на даче хлопнула дверь, Ян огля-

schlachten Sie ein Huhn für uns, wir haben Angst davor.» Die schnurrbärtigen Ungarn krochen durch die Büsche, um das Huhn einzufangen, schlachteten es dann bei Kerzenlicht, sprachen dabei ungarisch, und nach dem Abendessen tranken sie mit der Köchin zu dritt Tee in der Küche mit den Bretterwänden, die voll Fliegen war, und packten Stepanida an ihren vollen Armen.

Auf dem Fluß erklangen Lieder und eine Balalaika: die neu Einberufenen trieben dort ihren Spaß – in ihren neuen Uniformmützen bummelten sie die ganze Nacht über, spielten Balalaika und drohten, jedem, der es verdiene, den roten Hahn aufzusetzen.

Jan ging den Rechen holen, den er neulich auf der Wiese hingeworfen hatte. Ein leichter Wind raschelte in dem dunklen Gezweig der Bäume und verstummte. Die Datscha lag ganz im Schatten, doch plötzlich wurde es hell in den Fenstern. Mit einer Kerze ging Mascha dort in ihrem weißen bis zum Hals geschlossenen Schlafrock herum, blieb stehen, schaute sich um – ihr Gesicht war wie das eines Kindes, traurig –, sie nahm ein Tüchlein vom Tisch, wischte sich die Augen und ging mit Kerze und Tuch fort.

Jan stand da und schaute auf die dunklen Fenster. Plötzlich schob sich eine kalte Nase von hinten in seine Hand, die Schäferhündin Milka war herangekommen, wedelte, legte Jan ihre krallgen Pfoten auf die Brust und steckte die Schnauze unter seinen Arm.

«Ach, du Hund, du Hund», sagte Jan.

Am folgenden Morgen mähte Jan die Wiese vor der Datscha. Noch herrschte im langen Birkenschatten Kühle, und auf dem Grase lag Tau. Durch das gelblich flimmernde Grün der Bäume schlängelte sich der Rauch aus dem Badehaus wie ein durchsichtiges Wölkchen. Mit Honigstimme flötete ein Pirol wie eine Wasserflöte.

Als in der Datscha die Türe ging, blickte sich Jan

нулся, – на балкон вышла Маша, **волосы ее были заколоты высоко одною шпилькой**, и сон еще не совсем отошел от нее. Присев на ступени крыльца, она склонила голову, положила щеку на ладонь. Прекраснее женщины Ян не видал в жизни.

Сейчас было особенно тихо, только – зык, зык – ширкала коса по траве. Но вдруг издалека послышался глухой, торжественный шум леса, точно шли воды. Березы стояли неподвижно. Ян выпрямился и, положив руку сверху на лезвее косы, стал слушать. Шум близился, шумел весь лес, и ветер коснулся, наконец, вершин берез, склонил их, они зашумели. Высоко в воздухе закрутились сухие листья. Беспорядочным полетом пронеслась лохматая ворона. Ветер ниже клонил березы, пронеслось еще несколько птиц. Полнеба закрыла свинцовая туча, и вдруг мигнул зеленоватый свет, заворчал гром, сильнее, раскатистее, и треснуло все небо над головой. Упала первая капля, зазвенело окошко на даче.

– Ян, какая гроза! – крикнула Маша, стоя на лестнице. От этого голоса Ян вздрогнул так сильно, что лезвие косы, скользнув, врезалось в руку. Он зажал рану, но кровь закапала сквозь пальцы.

– Вы с ума сошли, что вы там делаете! – подбегая к нему проговорила Маша. И в это время хлынул дождь, отвесный и теплый, покрыл усадьбу серой завесой. Запенились дорожки, заплескалась вода в трубах, запахло травой и мокрым деревом.

um – Mascha trat auf die Terrasse, ihr Haar mit einer einzigen Haarnadel hochgesteckt. Der Schlaf war noch nicht ganz von ihr gewichen. Sie hockte sich auf die Stufen am Eingang, beugte den Kopf und legte die Wange auf die Handfläche. Eine schönere Frau hatte Jan in seinem ganzen Leben nicht gesehen.

Eben war es ganz besonders still ringsum, nur – sst, sst – die Sense zischte durch das Gras. Auf einmal aber vernahm man von fern das dumpfe, feierliche Rauschen des Waldes, als strömte dort ein Gewässer. Die Birken standen regungslos. Jan richtete sich auf und begann, die Hand über die Schneide des Sensenblattes gelegt, zu lauschen. Das Geräusch näherte sich, der ganze Wald rauschte, und endlich erreichte der Wind die Birkenwipfel und beugte sie, so daß auch sie aufrauschten. Hoch in der Luft wirbelten trockene Blätter. In unregelmäßigem Flug trieb eine zerzauste Krähe vorüber. Tiefer beugte der Wind die Birken, noch einige Vögel wurden vorübergetragen. Eine bleifarbene Wolke verdeckte den halben Himmel. Und plötzlich zuckte ein grünes Licht auf, Donner murrte, wurde heftiger, immer länger rollend, und schließlich zerriß krachend der ganze Himmel in der Höhe. Der erste Tropfen fiel, ein Fenster in der Datscha klirrte.

«Jan, welch ein Gewitter!» rief Mascha, die auf der Treppe stand. Und diese Stimme ließ Jan so stark erzittern, daß die Sensenschneide abgleitend in seine Hand schnitt. Er preßte die Wunde zusammen, doch das Blut tropfte durch seine Finger.

«Sind Sie verrückt, was tun Sie da!» rief Mascha und lief zu ihm. Und gleichzeitig stürzte der Regen nieder, senkrecht und warm, und deckte das Gut wie mit einem grauen Vorhang zu. Die Wege überzogen sich mit Schaum, das Wasser in den Abflußrinnen plätscherte, es roch nach Gras und nassem Holz.

На террасе Маша забинтовала Яну руку и, затягивая зубами узел, низко нагнулась. Подняв брови, Ян глядел на ее тонкую шею, на легкие, как шелк, пепельные волосы, пахнущие любовью, и им овладело отчаяние.

Маша ушла мыть руки. В это время зачавкали копыта, и из потоков воды выехала на пузатом мокром мерине баба-почтальон. «Тпру, родной», — сказала она, тяжело спрыгивая с телеги, и подошла к окну: «Барыня, вам телеграмма». В открытую дверь Ян видел, как Маша положила руку на горло и побелела. Он опустил глаза. Послышался шелест бумаги и затем громкий радостный крик.

Всю ночь у Яна болела рука, и боль и мысли не давали спать. Он думал о том времени, когда вернется на родину, но будущее — чем только он и жил в плену — сейчас точно выцвело.

Ночной шелест деревьев наполнял его печальным волнением. Сдерживая слезы, он слушал, как шумят, шумят березы, растущие пучками из одного корня. Так вот она, эта варварская страна, полная непонятного очарования!

На рассвете он вышел на двор, — было туманно, и над лесом коралловыми полосами проступала заря, с листьев падали капли, крыша дачи была совсем мокрая. Ян пошел на огород, где вчера еще Петр Саввич наказывал прополоть фасоли. Земля казалась легкой. Запевали птицы, как в раю.

Mascha verband auf der Terrasse Jans Hand und beugte sich tief darüber, während sie mit den Zähnen den Knoten zusammenzog. Die Augenbrauen hochziehend, betrachtete Jan ihren schmalen Hals, ihr leichtes, seidengleiches, aschfarbenes Haar, das nach Liebe duftete, und Verzweiflung bemächtigte sich seiner. Mascha ging sich die Hände waschen. Zur gleichen Zeit erklangen Hufschläge, und aus den Wasserfluten kam, von einem dickbäuchigen nassen Wallach gezogen, die bis auf den letzten Faden durchnäßte Postfrau herangefahren. «Brrr, mein Braver», sagte sie, schwer vom Wagen herabspringend, und trat zum Fenster. «Gnädige Frau, ein Telegramm für Sie.» Durch die offene Tür sah Jan, wie Mascha die Hand an die Kehle führte und erblaßte. Er schlug die Augen nieder. Papierknistern ertönte, darauf ein lauter, freudiger Ausruf.

Die ganze Nacht über tat Jan die Hand weh, und der Schmerz und die Gedanken ließen ihn nicht schlafen. Er mußte an die Zeit denken, da er wieder in die Heimat zurückkehren würde, aber die Zukunft – die sonst sein ganzes Leben in der Gefangenschaft erfüllte – war im Augenblick geradezu verblichen. Das nächtliche Rauschen der Bäume erfüllte ihn mit trauriger Erregung. Die Tränen zurückhaltend, horchte er, wie die Birken, in Bündeln aus einer Wurzel hervorgewachsen, rauschten und rauschten. Das also war es, dieses barbarische Land, so voll von unbegreiflichem Zauber!

In der Morgendämmerung trat er heraus auf den Hof – es war neblig, und in korallenfarbigen Streifen erhob sich das Morgenrot über dem Wald, von den Blättern fielen Tropfen, und das Dach der Datscha war ganz naß. Jan begab sich zum Gemüsegarten, wo Pjotr Sawwitsch ihm schon gestern befohlen hatte, bei den Bohnen auszujäten. Die Erde erwies sich als leicht. Vögel begannen zu zwitschern, wie im Paradies.

Часа через два Ян увидел, как в ворота по лужам въехала на паре плетушка, в ней сидел прапорщик, загорелый, худой, с взволнованными светло-голубыми глазами. Венгр, тащивший за ногу поросенка, бодро взял под козырек. Плетушка повернула к даче. Оттуда по лужайке бежала Меша. Она так спешила, что, казалось, вот упадет. Прапорщик соскочил с плетушки и пошел навстречу.

— Митя, Митя! — крикнула Маша сорвавшимся голосом и, не дойдя двух шагов, расплакалась. Офицер взял ее за плечи и поцеловал.

Наконец и этот день закончился. В сумерках Ян сидел у ворот один. Было сыровато, и месяц тонким серпом стоял невысоко над темными полями. Положив руку на голову овчарки, Ян глядел, как по полю, приближаясь, двигались две белые фигуры — офицер и Маша. Она обеими руками держала его под руку. У ворот они остановились, и Маша сказала:

— Митя, вот Ян Бочар. Ян, это мой муж.

Ян поднялся, отдавая честь. Офицер спросил — какого полка, где был взят в плен, чем у себя на родине занимался.

Ян пожал плечами и, глядя под ноги, ответил неохотно:

— Я скрипач, профессор Пражской консерватории.

— Господи! — испуганно прошептала Маша. — Я так и знала.

Прапорщик поскреб под фуражкой.

— Вот так штука!

Nach zwei Stunden gewahrte Jan, wie ein von zwei Pferden gezogener Korbwagen durch die Pfützen am Tor einfuhr; darin saß ein Leutnant, braungebrannt, hager, mit erregt blickenden hellblauen Augen. Ein Ungar, der ein Ferkel am Bein schleppte, salutierte stramm. Der Wagen bog zur Datscha ab.

Von dort kam Mascha über die Wiese gelaufen. Sie hastete so, daß es schien, als würde sie gleich stürzen. Der Leutnant sprang vom Wagen und ging ihr entgegen.

«Mitja, Mitja!» rief Mascha mit überschnappender Stimme und brach, zwei Schritte vor ihm, in Tränen aus. Der Offizier legte seinen Arm um ihre Schultern und küßte sie.

Schließlich nahm auch dieser Tag ein Ende. In der Dämmerung saß Jan allein vor dem Tor. Es war feucht, und der Mond stand wie eine dünne, leuchtende Sichel niedrig über den dunklen Feldern. Die Hand auf den Kopf der Schäferhündin gelegt, sah Jan, wie zwei weiße Gestalten über das Feld näherkamen – der Offizier und Mascha. Mit beiden Händen hielt sie sich an seinem Arm. Am Tor blieben sie stehen und Mascha sagte:

«Mitja, das hier ist Jan Botschar. Jan, dies ist mein Mann.»

Jan erhob sich und salutierte. Der Offizier fragte, von welchem Regiment und wo er in Gefangenschaft geraten sei und welchen Beruf er zu Hause habe.

Jan zuckte die Achseln und antwortete ungern, auf seine Füße starrend:

«Ich bin Geiger, war Professor am Prager Konservatorium.»

«Mein Gott!» flüsterte Mascha erschreckt. «Hab ich's doch geahnt.»

Der Leutnant kratzte sich unter der Mütze.

«So was!»

— Позвольте идти? — спросил Ян и пошел к людской. На дорожке к нему подошла Лиза-горничная и спросила, всхлипывая:
— Послушайте, садовника не видали?..

Исаак Е. Бабель — Переход через Збруч

Начдив шесть донес о том, что Новоград-Волынск взят сегодня на рассвете. Штаб выступил из Крапивно, и наш обоз шумливым арьергардом растянулся по шоссе, идущему от Бреста до Варшавы и построенному на мужичьих костях Николаем Первым.

Поля пурпурного мака цветут вокруг нас, полуденный ветер играет в желтеющей ржи, девственная гречиха встает на горизонте, как стена дальнего монастыря. Тихая Волынь изгибается, Волынь уходит от нас в жемчужный туман березовых рощ, она вползает в цветистые пригорки и ослабевшими руками путается в зарослях хмеля. Оранжевое солнце катится по небу, как отрубленная голова, нежный свет загорается в ущельях туч, штандарты заката веют над нашими головами. Запах вчерашней крови и убитых лошадей каплет в вечернюю прохладу. Почерневший Збруч шумит и закручивает пенистые узлы своих порогов. Мосты разрушены, и мы переезжаем реку вброд. Величавая луна лежит на волнах. Лошади по спину уходят в воду, звучные потоки сочатся между сотнями лошадиных ног. Кто-то тонет и

«Erlauben Sie mir abzutreten?» fragte Jan und begab sich zur Leutekammer. Auf dem Wege dorthin kam Lisa, die Zofe, auf ihn zu und fragte leicht schluchzend:

«Hören Sie, haben Sie den Gärtner nicht gesehen?...»

Isaak Babel: Der Übergang über den Sbrutsch

Der Kommandeur der 6. Division meldete, daß Nowograd-Wolynsk heute im Morgengrauen eingenommen worden war. Der Stab verließ Krapiwno, und unser Troß zog als lärmende Nachhut die Straße zwischen Brest und Warschau entlang, die einst Nikolai I. auf Bauernknochen erbaut hat.

Ringsum blühen Felder purpurnen Mohns, der Mittagswind spielt im gelb werdenden Roggen. Am Horizont erhebt sich wie die Mauer eines fernen Klosters jungfräulicher Weizen. Das stille Wolynien windet sich dahin, Wolynien weicht vor uns zurück in den perlgrauen Nebel der Birkenwälder, kriecht die blumenübersäten Hänge hinan und verfängt sich mit kraftlosen Armen im Gerank des Hopfens. Die orangefarbene Sonne rollt wie ein abgehackter Kopf den Himmel entlang, aus den Wolkenrissen flimmert zartes Licht, über unseren Köpfen wehen die Standarten des Sonnenuntergangs. In die abendliche Kühle tropft der Geruch des am Vortage vergossenen Blutes und getöteter Pferde. Der dunkle Sbrutsch rauscht und knüpft die schäumenden Knoten seiner Stromschnellen. Die Brücken sind zerstört, und wir setzen an einer Furt über den Fluß. Auf den Wellen liegt der majestätische Mond. Die Pferde versinken bis zum Rücken im Wasser, und plätschernd rieselt der Fluß zwischen hunderten von Pferdebeinen hindurch. Einer ist am Ertrinken und verflucht gell die Mutter Gottes.

звонко порочит богородицу. Река усеяна черными квадратами телег, она полна гула, свиста и песен, гремящих поверх лунных змей и сияющих ям.

Поздней ночью приезжаем мы в Новоград. Я нахожу беременную женщину на отведенной мне квартире и двух рыжих евреев с тонкими шеями; третий спит, укрывшись с головой и приткнувшись к стене. Я нахожу развороченные шкафы в отведенной мне комнате, обрывки женских шуб на полу, человеческий кал и черепки сокровенной посуды, употребляющейся у евреев раз в году – на пасху.

– Уберите, – говорю я женщине. – Как вы грязно живете, хозяева...

Два еврея снимаются с места. Они прыгают на войлочных подошвах и убирают обломки с полу, они прыгают в безмолвии, по-обезьяньи, как японцы в цирке, их шеи пухнут и вертятся. Они кладут на пол распоротую перину, и я ложусь к стенке, рядом с третьим, заснувшим евреем. Пугливая нищета смыкается над моим ложем.

Все убито тишиной, и только луна, обхватив синими руками свою круглую, блещущую, беспечную голову, бродяжит под окном.

Я разминаю затекшие ноги, я лежу на распоротой перине и засыпаю. Начдив шесть снится мне. Он гонится на тяжелом жеребце за комбригом и всаживает ему две пули в глаза. Пули пробивают голову комбрига, и оба глаза его падают наземь. «Зачем ты поворотил бригаду?» – кричит ра-

Der Fluß ist mit den schwarzen Flecken der Wagen besät, er ist voll Lärm, voll Gepfeife, voller Lieder, die über den flimmernden Schlangen des Mondlichts und den blinkenden Mulden der Wellen aufsteigen.

Spätnachts kommen wir in Nowograd an. In dem mir zugewiesenen Quartier finde ich eine schwangere Frau vor und zwei rothaarige Juden mit dünnen Hälsen; ein dritter schläft, bis über den Kopf zugedeckt und dicht an die Wand gedrückt.

In dem mir zugewiesenen Raum sehe ich durchwühlte Schränke, auf dem Fußboden Fetzen von Frauenpelzen, Menschenkot und Scherben vom koscheren Passahgeschirr, das die Juden nur einmal im Jahr in Gebrauch haben.

«Schaffen Sie das weg», sagte ich zu der Frau. «Wie wohnt ihr hier schmutzig, ihr Hausbesitzer...»

Die beiden Juden erheben sich von ihren Plätzen. Sie hüpfen auf Filzsohlen hin und her, lautlos, affenartig, wie Japaner im Zirkus, und sammeln die Scherben auf; ihre Hälse drehen sich und schwellen an. Die beiden breiten für mich ein zerrissenes Federbett auf dem Boden aus, und ich lege mich zur Wand, neben den dritten, den schlafenden Juden. Furchtsame Armut schlägt über meinem Lager zusammen.

Alles ist in Stille erstorben, und nur der Mond, der mit blauen Händen seinen glänzenden, sorglosen runden Kopf umklammert, irrt vor dem Fenster umher.

Ich strecke meine geschwollenen Beine auf dem zerrissenen Federbett aus und sinke in Schlaf. Ich träume vom Kommandeur der 6. Division. Er jagt auf seinem schweren Hengst hinter dem Brigadekommandeur her und schießt ihm beide Augen aus. Die Kugeln durchbohren den Kopf des Brigadekommandeurs, seine Augen fallen zu Boden. «Warum hast du den Rückzug der Brigade befohlen?» schreit Sawizki, der Kommandeur der

ненному Савицкий, начдив шесть, – и тут я просыпаюсь, потому что беременная женщина шарит пальцами по моему лицу.

– Пане, – говорит она мне, – вы кричите со сна и вы бросаетесь. Я постелю вам в другом углу, потому что вы толкаете моего папашу...

Она поднимает с полу худые свои ноги и круглый живот и снимает одеяло с заснувшего человека. Мертвый старик лежит там, закинувшись навзничь. Глотка его вырвана, лицо разрублено пополам, синяя кровь лежит в его бороде, как кусок свинца.

– Пане, – говорит еврейка и встряхивает перину, – поляки резали его, и он молился им: убейте меня на черном дворе, чтобы моя дочь не видела, как я умру. Но они сделали так, как им было нужно, – он скончался в этой комнате и думал обо мне... И теперь я хочу знать, – сказала вдруг женщина с ужасной силой, – я хочу знать, где еще на всей земле вы найдете такого отца, как мой отец...

Михаил А. Шолохов –
Председатель реввоенсовета республики

Республика наша не особо громадная – всего-навсего дворов с сотню, и помещается она от станицы верст за сорок по Топкой балке.

В республику она превзошла таким способом: на про́весне ворочаюсь я к родным куреням из армии товарища Буденного,

6. Division, den Verwundeten an. Und da wache ich auf, die schwangere Frau tastet mir mit ihren Fingern übers Gesicht.

«Pan», sagt sie zu mir. «Sie schreien im Schlaf und werfen sich hin und her. Ich will Ihnen Ihr Bett in der anderen Ecke zurechtmachen, denn Sie stoßen meinen Vater.»

Sie hebt ihre mageren Beine und den runden Bauch vom Boden und zieht dem Schlafenden die Decke weg. Ein toter Greis liegt dort, den Kopf nach hinten gebogen, die Kehle herausgerissen, das Gesicht in zwei Hälften zerhackt, in seinem Bart hängt blaues Blut wie ein Stück Blei.

«Pan», sagt die Jüdin und schüttelt das Federbett auf. «Die Polen haben ihn sich vorgenommen, und er hat sie angefleht: ‹Tötet mich auf dem Hinterhof, damit meine Tochter nicht sieht, wie ich sterbe.› Aber sie haben es gemacht, wie es ihnen bequemer war, er starb in diesem Zimmer und dachte an mich... Und jetzt möchte ich wissen», sagte die Frau plötzlich mit schrecklicher Kraft, «ich möchte wissen, wo ihr auf Erden noch einen solchen Vater findet wie meinen Vater.»

Michail Scholochow:
Der Vorsitzende des Revmilsowjets der Republik

Unsere Republik ist nicht besonders riesig – alles in allem an die hundert Höfe, und sie erstreckt sich von der Staniza, dem Kosakendorf, über rund vierzig Werst längs des Sumpfigen Tals.

Zur Republik war sie auf folgende Art aufgestiegen: im Vorfrühling, als ich zu meinem heimatlichen Kosa-

выбирают меня гражданы в председатели хутора за то, что имею два ордена Красных Знамени за свою доблестную храбрость под Врангелем, которые товарищ Буденный лично мне навешал и руку очень почтенно жал.

Заступил я на эту должность, и жили бы мы хутором на мирном положении, подобно всему народу, но в скорости в наших краях объявилась банда и присучилась наш хутор дотла разорять. Наедут, то коней заберут, дохлых шкапов в обмен покидают, то последний кормишко потравят.

Народишко вокруг нашего хутора – паскудный, банде оказывают предпочтение и встречают ее с хлебом-солью. Увидавши такое обращение соседних хуторов с бандой, созвал я на своем хуторе и говорю гражданам:

– Вы меня поставили в председатели?..

– Мы.

– Ну, так я от имени всех пролетарьятов в хуторе прошу вас соблюдать свою автономию и в соседние хутора прекратить движение, затем, что они – контры и нам с ними очень даже совестно одну стежку топтать... А хутор наш теперича будет прозываться не хутором, а республикой, и я, будучи вами выбранный, назначаю себя председателем реввоенсовета республики и объявляю осадное кругом положение.

Какие несознательные – помалкивают, а молодые казаки, побывавшие в Красноармии, сказали:

– В добрый час!.. Без голосования!..

kendorf der Armee des Genossen Budjonny zurückkehrte, erwählten mich die Bürger zum Vorsitzenden des Gehöftes, dafür daß ich zwei Orden des Roten Banners für meine hervorragende Tapferkeit gegen Wrangel besitze, die mir Genosse Budjonny persönlich angelegt und mir dabei die Hand sehr respektvoll gedrückt hat.

Ich trat dieses Amt an, und nun hätten wir im Gehöft in Friedenszustand leben können, gleich dem ganzen Volke, aber alsbald tauchte in unserer Gegend eine Bande auf, die schickte sich an, unser Gehöft bis auf den Boden zu verwüsten. Wenn sie uns überfielen, raubten sie die Pferde und hinterließen uns im Austausch fast verreckende elende Mähren, oder sie vernichteten unser letztes Futter.

Das Völkchen rings um unser Gehöft – Hirtenvolk – erwies jener Bande Achtung und empfing sie mit Brot und Salz. Da ich dieses Benehmen der benachbarten Gehöfte der Bande gegenüber bemerkte, berief ich in meinem Gehöft die Mitbürger ein und sprach zu ihnen:

«Ihr habt mich doch zum Vorsitzenden bestellt?...»

«Haben wir.»

«Nun, so ersuche ich euch im Namen aller Proletariate im Gehöft, eure Autonomie zu wahren und den Verkehr mit den benachbarten Gehöften einzustellen, alldieweil jene Kontras sind und es für uns sogar sehr ehrenrührig ist, den gleichen Pfad mit ihnen zu betreten... Und soll unser Gehöft von nun ab nicht mehr Gehöft heißen, sondern Republik, und ich, der ich von euch gewählt bin, ernenne mich zum Vorsitzenden des Revmilsowjets der Republik und erkläre hiermit für ringsum den Belagerungszustand.»

Einige nicht Klassenbewußte schwiegen, die jungen Kosaken aber, die in der Roten Armee gewesen waren, sagten:

«Zur guten Stunde!... Ohne Abstimmung!...»

Тут начал я им речь говорить:

— Давайте, таварищи, подсобим советской нашей власти и вступим с бандой в сражение до последней капли крови, потому что она есть гидра и в корне, подлюка, подгрызает всеобчую социализму!..

Старики, находясь позаду людей, сначала супротивничали, но я матерно их агитировал, и все со мной согласились, что советская власть есть мать наша кормилица и за ейный подол должны мы все категорически держаться.

Написали сходом бумагу в станишный исполком, чтоб выдали нам винтовки и патроны, и нарядили ехать в станицу меня и секлетаря Никона.

Раненько на зорьке запрягаю свою кобыленку, и едем. Верст десять покрыли, в лог съезжаем, и вижу я:

ветер пыльцу схватывает по дороге, а за пыльцой пятеро верховых навстречу бегут.

Затосковало тут у меня в середке. Догадываюсь, что скачут злые враги из этой самой банды.

Никакой инициативы с секлетарем мы не придумали, да и придумать было невозможно: потому — степь кругом легла, до срамоты растелешная, ни тебе кустика, ни тебе ярка либо балочки, — и остановили мы кобылу посередь пути...

Оружия при нас не было, и были мы безобидные, как спеленатое дите, а скакать от конных было бы очень даже глупо.

Секлетарь мой — напуканный этими

Und da begann ich ihnen eine Rede zu halten:

«So laßt uns denn, Genossen, unserer Sowjetmacht dienlich sein, und wollen wir gegen die Bande in einen Kampf treten bis zum letzten Blutstropfen, diewiel sie eine Hydra ist und niederträchtig den allgemeinen Sozialismus an der Wurzel annagt!...»

Die alten Männer, die sich in den hinteren Reihen der Leute befanden, widersetzten sich anfangs, aber ich agitierte erfahren, und alle erklärten sich mit mir einverstanden, daß die Sowjetmacht unsere Mutter und Amme ist und daß wir uns alle kategorisch an ihren Rockschoß zu halten haben.

Da setzten wir als Gemeinderat ein Papier an den Vollzkom der Staniza auf, daß man uns Gewehre und Patronen ausfolgen solle, und beauftragten mich und den Sekletär Nikon damit, zur Staniza zu fahren.

Ganz früh um die Morgendämmerung spanne ich mein Stütchen an, und wir fahren. Zehn Werst hatten wir schon zurückgelegt und fuhren grade eine Senke hinunter, da sehe ich: der Wind weht auf der Straße Staubwölkchen auf, und hinter den Staubwölkchen jagen uns fünf Berittene entgegen.

Da fühlte ich mich so im Innersten schwermütig werden. Ich erriet, daß böse Feinde aus jener besagten Bande dort heransprengten.

Der Sekletär und ich vermochten uns keinerlei Initiative auszudenken, und es war ja auch unmöglich, etwas auszudenken, diewiel ringsum Steppe gebreitet lag, bis zur Schandbarkeit entblößt, da findest du kein Büschlein, keinen Hang und nicht die kleinste Schlucht – und so hielten wir denn die Stute mitten auf dem Wege an...

Waffen hatten wir keine bei uns, waren ja harmlos wie ein frisch gewindeltes Kind, und vor den Berittenen zu fliehen wäre sogar sehr dumm gewesen.

Mein Sekletär war erschrocken vor diesen bösen Fein-

злыми врагами, и стало ему очень плохо. Вижу, прицеляется сигать с повозки и бечь! А куда бечь, и сам не знает. Говорю я ему:

— Ты, Никон, прищеми хвост и не рыпайся! Я председатель ревсовета, а ты при мне секлетарь, то должны мы с тобой и смерть в куче принимать!..

Но он, как несознательный, сигнул с повозки и пошел щелкать по степу, то есть до того шибко, что как будто и гончими не догнать, а на самом деле конные, увидамши такое бегство по степу подозрительного гражданина, припустили за ним и вскорости настигли его возле кургашка.

Я благородно слез с повозки, проглотил все неподходящие бумаги и документы, гляжу, что оно дальше будет. Только вижу, поговорили они с ним очень немножко и, сгрудившись все вместе, зачали его рубать шашками крест-накрест. Вдарился он обзем, а они карманы его обшарили, повозились возле и обратно на коней, сыпят ко мне.

Я вижу, шутки — шутками, а пора уж и хвост на сторону, но ничего не попишешь — жду. Подскакивают.

Попереди атаман ихний, Фомин по прозвищу. Залохмател весь рыжей бородой, физиономия в пыле, а сам собою зверский и глазами лупает.

— Ты самый Богатырев, председатель?
— Я.
— Перекажувал я тебе председательство бросить?

den, und ihm wurde sogar sehr schlecht. Ich sah, er zielte darauf ab, vom Fahrzeug zu springen und davonzulaufen! Doch wohin weglaufen, das wußte er selber nicht. So sagte ich ihm:

«Nikon, kneif den Schwanz ein und knarr nicht herum! Ich bin der Vorsitzende des Revsowjets und du bist mein Sekletär, somit müssen wir beide auch gemeinsam den Tod empfangen!...»

Er jedoch, als ein nicht Klassenbewußter, sprang vom Fuhrwerk hinunter und fing an, wie ein Springkäfer über die Steppe zu flitzen, nämlich so geschwind, daß es schien, kein Windhund könne ihn einholen; tatsächlich aber jagten ihm die Berittenen nach, als sie diese Flucht eines verdächtigen Bürgers über die Steppe sahen, und schon bald, neben einem kleinen Hünengrabhügel, hatten sie ihn gefaßt.

Ich stieg wohlgesittet vom Fuhrwerk ab, verschlang alle nicht zweckdienlichen Papiere und Dokumente und beobachtete, was weiter daraus werden würde. Ich sah aber, daß sie nur sehr wenig mit ihm redeten, sondern alle zusammengerottet begannen kreuz und quer mit den Säbeln auf ihn einzuhauen. Er stürzte zu Boden, und sie durchsuchten seine Taschen, drängten sich um ihn – und gleich wieder zu Pferde und auf zu mir.

Ich sehe, das ist kein Spaß mehr, jetzt wird's hohe Zeit, den Schwanz beiseite zu nehmen, da ist wenig zu wollen – ich warte. Sie sprengen heran.

Vorneweg denen ihr Ataman, Fomin genannt. Ganz verzottelt durch seinen roten Bart, die Phynosomie voll Staub und schaut aus wie ein Tier und reißt die Augen glotzend auf.

«Bist du dieser Bogatýrew, der Vorsitzende?»

«Bin ich.»

«Hab ich dir nicht befohlen, diese Vorsitzerei abzulegen?»

— Слыхал про это...
— А почему не бросаешь?!.

Задает он мне подобные подлые вопросы, но виду не подает, что гневается.

Вдарился я тут в отчаянность, потому — вижу, от такого кумпанства все одно головы на плечах не унесешь.

— Потому, — отвечаю перед ним, — что я у советской власти твердо стою на платформе, все программы до тонкости соблюдаю и с платформы этой вы меня категорически не спихнете!..

Обругал он меня непотребными словами и плетюганом с усердием секанул по голове. Валом легла у меня через весь лоб чувствительная шишка, калибром вышла с матерый огурец, какие на семена бабы оставляют...

Помял я эту шишку скрозь пальцев и говорю ему:

— Очень даже некрасиво вы зверствуете по причине вашей несознательности, но я сам гражданскую войну сломал и беспощадно уничтожил тому подобных Врангелей, два ордена от советской власти имею, а вы для меня есть порожнее ничтожество, и я вас в упор не вижу!..

Тут он до трех раз разлетался, желал конем меня стоптать и плетью сек, но я остался непоколебимый на своих подстановках, как и вся наша пролетаровская власть, только конь копытом расшиб мне колено и в ушах от таких стычек гудел нехороший перезвон.

— Иди передом!..

«Hab so was vernommen...»

«Und warum legst du sie nicht ab?!...»

Dergleichen gemeine Fragen stellte er mir, doch gab er sich den Anschein, nicht wütend zu sein.

Ich aber geriet in eine verzweifelte Stimmung, dieweil ich doch sah, daß ich aus dieser Gesellschaft keinesfalls meinen Kopf heil auf den Schultern davontragen würde.

«Darum», so antwortete ich ihm, «weil ich fest auf der Plattform der Sowjetmacht stehe und alle Programme bis in die feinste Einzelheit einhalte und ihr mich von dieser Plattform kategorisch nicht werdet hinunterstoßen können!...»

Da beschmähte er mich mit unflätigen Worten und haute mir mit seiner schweren Peitsche gründlich über den Kopf. Gewaltig schoß mir über die ganze Stirn eine empfindliche Beule auf, vom Kaliber einer riesigen Gurke, wie sie die Weiber für Samen stehen lassen...

Diese Beule quetschte ich mit den Fingern und sagte zu ihm:

«Sie führen sich schon sehr unschön und wie ein Tier auf, infolge Ihres fehlenden Klassenbewußtseins, ich jedoch habe eigenhändig den Bürgerkrieg unterdrückt und erbarmungslos derartige Wrangels vernichtet, und ich besitze dafür zwei Orden von der Sowjetmacht, und Sie sind für mich nur ein leeres Nichts und ich sehe Sie überhaupt nicht...»

Da riß er sein Pferd gleich dreimal hoch, wollte mich von ihm zusammenstampfen lassen und peitschte mit der Karbatsche los; ich aber beruhte unerschütterlich auf meinem Untergestell, genauso wie unsere ganze proletarische Macht, nur daß sein Roß mit einem Hufen mir das Knie zerschlug und von solchen Prügeln in meinen Ohren ein ungutes Dröhnen brummte.

«Marschier voran!...»

Гонят они меня к кургашку, а возле того кургашка лежит мой Никон, весь кровью подплыл. Слез один из них с седла и обернул его кверху животом.

– Гляди, – говорит мне, – мы и тебя зараз поконовалим, как твоего секлетаря, ежели не отступишься от советской власти!..

Штаны и исподники у Никона были спущенные ниже и половой вопрос весь шашками порубанный до безобразности. Больно мне стало глядеть на такое измывание, отвернулся, а Фомин ощеряется:

– Ты не вороти нос! Тебя в точности так оборудуем и хутор ваш закоснелый коммунистический ясным огнем запалим с четырех концов!..

Я на слова горячий, невтерпеж мне стало переносить и отвечаю им очень жестоко:

– По мне пущай кукушка в леваде поплачет, а что касаемо нашего хутора, то он не один, окромя его по России их больше тыщи имеются!

Достал я кисет, высек огня кресалом, закурил, а Фомин коня поводьями трогает, на меня наезжает и говорит:

– Дай, браток, закурить! У тебя табачишко есть, а мы вторую неделю бедствуем, конский помет курим, а за это не будем мы тебя казнить, зарубим, как в честном бою, и семье твоей перекажем, чтоб забрали тебя похоронить... Да поживей, а то нам время не терпит!..

Я кисет-то в руке держу, и обидно мне стало до горечи, что табак, рощенный на моем огороде, и донник пахучий, на земле

Sie trieben mich zu dem kleinen Hünengrab, und da lag doch neben dem Grabhügel mein Nikon, ganz im Blute schwimmend. Einer von ihnen stieg aus dem Sattel und drehte ihn mit dem Bauch nach oben.

«Schau nur», sagte er zu mir, «wir werden auch dich mit dieser Roßkur fertigmachen wie deinen Sekletär, wenn du der Sowjetmacht nicht absagen willst!...»

Die Hosen und das Unterzeug Nikons waren tief hinuntergezerrt, und die Geschlechtsfrage war durch Säbelhiebe bis zur Abscheulichkeit verunstaltet worden. Es tat mir weh, eine solche Verhöhnung mitanzusehen, ich wandte mich ab, Fomin aber wurde da widerborstig:

«Dreh die Nase nicht weg! Dich werden wir genau so herrichten, und euer verstocktes kommunistisches Gehöft werden wir mit Feuer lichterloh von allen vier Seiten abbrennen!...»

Ich bin mit Worten hitzig, und dies auszuhalten wurde mir unerträglich, so antwortete ich ihm sehr heftig:

«Mich selber mag der Kuckuck im Uferwald beweinen; was dagegen unser Gehöft betrifft, so steht es ja nicht allein, außer diesem gibt es in Rußland noch tausend andere!»

Ich holte meinen Tabakbeutel vor, schlug mit dem Stahl Feuer und rauchte an, Fomin aber zog die Zügel des Pferdes an, ritt an mich heran und sagte:

«Bruder, gib uns zu rauchen! Du hast da Tabak, wir aber leiden die zweite Woche schon Not, rauchen Pferdemist, und wir wollen dich dafür nicht hinrichten, sondern dich zusammenhauen wie in einem ehrlichen Kampf, und werden deiner Familie bestellen, daß man dich holen möge zum Bestatten... Aber mach flink, denn unsere Zeit leidet es nicht länger!...»

Ich hielt zwar meinen Tabakbeutel in der Hand, doch da kam es mir bis zur Bitternis kränkend vor, daß der Tabak, in meinem Gärtlein gezogen, der duftende Ho-

советской коханный, будут курить такие злостные паразиты. Глянул на них, а они все опасаются до крайности, что развею я по ветру табак. Протянул Фомин с седла руку за кисетом, а она у него в дрожание превзошла.

Но я так и сработал, вытряхнул на воздух табак и сказал:

— Убивайте, как промеж себя располагаете. Мне от казацкой шашки смерть принять, вам, голуби, беспременно на колодезных журавлях резвиться, одна мода!..

Начали они меня очень хладнокровно рубать, и упал я на сыру землю. Фомин из нагана вдарил два раза, грудь мне и ногу прострелил, но тут услыхал я со шляха: Пуць!.. Пуць!..

Пули заюжали кругом нас, по бурьянку шуршат. Смелись мои убивцы и ходу! Вижу, по шляху милиция станишная пылит. Вскочил я сгоряча, пробег сажен пятнадцать, а кровь глаза застит и кругом-кругом из-под ног катится земля.

Помню, закричал:

— Братцы, товарищи, не дайте пропасть! И потух в глазах белый свет...

Два месяца пролежал колодой, язык отнялся, память отшибло. Пришел в самочувствие — лап, а левая нога в отсутствии, отрезана — по причине антонова огня...

Возвернулся домой из окружной больницы, чикиляю как-то на костыле возле завалинки, а во двор едет станишный военком и, не здороваясь, допрашивается:

nigklee, auf Sowjeterde schön gewachsen, von solchen bösartigen Parasiten geraucht werden sollte. Ich blickte sie an, und sie alle hatten äußerste Angst, daß ich den Tabak in den Wind streuen könnte. Fomin streckte die Hand vom Sattel nach dem Tabakbeutel aus, und sie begann ihm wahrhaftig schon zu zittern.

Ich aber machte da Schluß, ich schüttelte den Tabak in den Wind und sagte:

«Mordet mich nur, wie ihr es mit euch selber ausmachen mögt. Ich werde den Tod durch einen Kosakensäbel empfangen, ihr jedoch, ihr Täubchen, werdet euch zweifellos an den Galgen der Ziehbrunnen amüsieren müssen, wie es Mode ist! ...»

Da huben sie an, mich kaltblütig zusammenzusäbeln, und ich stürzte auf die feuchte Erde. Fomin ließ den Revolver zweimal knallen, er schoß mich durch die Brust und durchs Bein, doch da hörte ich von der Straße her:

Piff! ... Paff! ...

Die Kugeln flennten nur so rings um uns und raschelten durchs Steppengras. Meine Mörder sammelten sich und ab! Ich sah, wie die Miliz aus der Staniza auf die Landstraße feuerte. Hitzig sprang ich auf, ich lief fünfzehn Ellen weit, das Blut verschleierte mir die Augen, und unter meinen Füßen drehte sich die Erde.

Ich weiß noch, wie ich schrie:

«Brüder, Genossen, laßt mich nicht krepieren!»

Und da erlosch das Tageslicht in meinen Augen...

Zwei Monate lag ich wie ein Klotz unbeweglich, die Sprache war weg, das Gedächtnis war ausgelöscht. Wie ich zu mir kam, mich betastete – da war das linke Bein abwesend: amputiert von wegen des kalten Brandes...

Heimgekehrt aus dem Kreiskrankenhaus, klapperte ich mal an meiner Krücke den Erdwall um das Haus ab, da kam der Milkom der Staniza auf den Hof gefahren und begann, ohne mich zu begrüßen, ein Verhör:

— Ты почему прозывался председателем реввоенсовета и республику объявил на хуторе? Ты знаешь, что у нас одна республика? По какой причине автономию заводил?!.

Только я ему на это очень даже ответил:

— Прошу вас, товарищ, тут не сурьезничать, а засчет республики могу объяснять: была она по случаю банды, а теперича, при мирном обхождении, называется хутором Топчанским. Но поимейте себе в виду: ежели на советскую власть обратно получится нападение белых гидров и прочих сволочей, то мы из каждого хутора сумеемся сделать крепость и республику, стариков и парнишек на коней посажаем, и я, хотя и потерявши одну ногу, а первый категорически пойду проливать кровь.

Нечем ему было супротив меня крыть, и, руку мне пожавши очень крепко, уехал он тем следом обратно.

Борис А. Пильняк — Без названья

I

...Очень трудно убить человека, — но гораздо труднее пройти через смерть: так указала биология природы человека.

...Перелесок осиновый, сумерки, дождик. Дождик капает мелкий-мелкий, серый, сырой. Осины пожелтели, шелестят иудами, сыпят мокрые листы. Дорога идет из овражка, в овражке сломанный мост, мочежина. Поле подперло к перелеску, разворо-

«Wieso hast du dich Vorsitzender des Revmilsowjets genannt und im Gehöft die Republik ausgerufen? Du weißt doch, daß wir nur eine Republik haben? Und aus welchem Grunde hast du die Autonomie eingeführt?!...»

Ich indes habe ihm darauf sehr was geantwortet:

«Ich ersuche Sie, Genosse, hier nicht so wichtig zu tun, und was die Republik anlangt, das kann ich erklären: die gab es aus Anlaß der Bande; jetzt dagegen, im friedlichen Umgang, heißt sie Gehöft Toptschansk. Aber behalten Sie das im Auge: Sollte es nochmals einen Überfall der weißen Hydren und ähnlichen Gelichters auf die Sowjetmacht geben, so werden wir aus jedem Gehöft eine Festung und eine Republik zu machen wissen, werden die Greise und die Buben zu Pferde setzen, und ich werde, obwohl ich ein Bein verloren habe, kategorisch der erste sein, der gehen wird, sein Blut zu vergießen.»

Da hatte er nichts mehr wider mich aufzutrumpfen und fuhr, nachdem er mir die Hand sehr kräftig gedrückt, desselben Weges wieder heim.

Boris Pilnjak: Ohne Benennung

I

Sehr schwer ist es, einen Menschen zu töten – aber noch viel schwerer ist es, durch den Tod zu gehen: so hat es das Gesetz der Natur dem Menschen bestimmt.

Ein Espenwäldchen, Dämmerung, leichter Regen. Der Sprühregen tröpfelt fein, grau, feucht. Die Espen sind gelb geworden, sie rascheln verräterisch, sie verstreuen ihre feuchten Blätter. Der Weg kommt aus einer kleinen Schlucht, in der Schlucht eine zerfallene Brücke, Feuchtigkeit. An das Wäldchen schließt sich das Feld an, von

ченное картошкой. Дорога прошла осинами, колеи набухли грязью, дорога вышла в поле: на горизонте торчит церковная колокольня. Перелесок упирается в настоящий лес, этот треугольник иудиных виселиц. Сумерки, мелкий-мелкий моросит дождик. Облака, должно быть, цепляют за вершины осин. По мосту, по дороге в осиннике, по картофельному полю – не пройдешь: нога увязнет в грязи по колено. Но вот сумерки налились каракатичной кровью ночи, тушевым мраком, и ничего не видно...

И через десятилетия, чрез многие годы всяческих дорог – навсегда в памяти остался этот переселок в сумерках и дожде, проваливающийся во мрак, в котором *ничего не видно:* навсегда осталось в памяти такое, где ничего не видно. Вечерами, после улицы и дня и после рек московских улиц, надо подниматься лифтом на третий этаж первого Дома Советов, того, что на углу Тверской и Моховой. В комнату, если не зажигать электричества, идет синий свет улиц, в этом синем мраке над Кремлем, над зданием ЦИК'а плещется красное знамя; знамени не видно, виден только багровый этот красный цвет в черном небе. И миллионный город несет в этажи первого Дома Советов осколки своих рокотов...

II
Все это было двадцать лет назад.

Героев в этом рассказе – трое: он, она и тот третий, которого они убили и который стал между ними.

Kartoffelfurchen durchzogen. Der Weg führt weiter durch Espen, die Wagenspuren sind voll Schmutz, der Weg führt hinaus aufs Feld; am Horizont ragt der Glockenturm einer Kirche auf. Das Wäldchen grenzt an richtigen Wald, dies Dreieck von Judasgalgen. Es ist Dämmerung, der feine Sprühregen wird eisig. Die Wolken, scheint es, bleiben an den Wipfeln der Espen hängen. Über die Brücke, über den Weg im Espenwald, über das Kartoffelfeld kommt man nicht: bis zum Knie wären die Beine im Schmutz. Jetzt aber wurde die Dämmerung überflutet wie von Tintenfisch-Blut, von der tusche-dunklen Finsternis der Nacht, in der nichts mehr zu sehen ist ...

Durch die Jahrzehnte, in vielen Jahren auf allen erdenklichen Wegen – immer blieb gegenwärtig dieses Wäldchen in der Dämmerung und im Regen, verschluckt in der Finsternis, in der nichts zu sehen ist: für immer blieb in der Erinnerung die Stelle, wo man nichts sehen konnte. Abends, nach Straße und Tag, nach den Strömen der Moskauer Straßen, muß man hochfahren mit dem Lift in die dritte Etage des Ersten Hauses der Sowjets, an der Ecke der Tverskaja und der Mochovaja. In das Zimmer fällt, wenn man nicht das elektrische Licht anschaltet, der bläuliche Schimmer von den Straßen. In dieser bläulichen Dämmernis weht über dem Kreml, über dem Gebäude des Zentralkomitees, das rote Banner: das Banner sieht man nicht, sichtbar ist nur dieser dunkelpurpurne Farbton im schwarzen Himmel. Und das Getöse der Millionenstadt dringt herauf in die Etagen des Ersten Hauses der Sowjets.

II
All das geschah vor zwanzig Jahren.

Die Personen dieser Erzählung sind drei: *Er, sie* und jener *Dritte,* den sie töteten und der jetzt zwischen ihnen steht.

Этот третий – был провокатором. Этот третий был человеком, продававшим за деньги людей на виселицу, продававшим революцию, ее идеи и ее честь. Он и она вызвались убить этого человека, для которого не было иного имени, кроме мерзавца. Это были дни разгрома революции 1905 года, – и суд над негодяем должен был быть жестоким: побеждаемым не о чем было разговаривать, когда их же брат продавал головы на виселицы, груди под пули и годы человеческих мук на тюрьмы и ссылки, – и разговоров не было.

Она никогда не видела в лицо этого провокатора. Из подполья она поехала в деревню, к деревенскому своему отцу – дьякону. Был июль месяц. Он – имя его Андрей – приехал к ней в качествах жениха. Всего этого не знал третий, провокатор, не знавший легального имени Андрея. Третий должен был приехать на станцийку, лежавшую верстах в пяти от дьяконовой деревни, для связи, и встретиться с Андреем в лесочке, что первый направо от шпал, за овражком.

Был июнь месяц. Как, какими словами, рассказать о первой любви? – любви, белой, как ландыши, и тяжелой, в весеннести своей, как гречневый цвет, той тяжестью, которой можно перевернуть мир, – любви, не знавшей ничего больше рукопожатья и общих – на мир – вперед – глаз, – любви (и он, и она знали об этом, выверив это двадцатилетием) той, которая бывает (и навсегда остается) единственной. Был сенокосный июнь в коростелиных су-

Dieser Dritte war ein Verräter. Dieser *Dritte* war ein Mensch, der für Geld Menschen an den Galgen verkauft hatte, der die Revolution verkauft hatte, ihre Ideen und ihre Ehre. *Er* und *sie* waren aufgerufen, diesen Menschen zu töten, für den es keinen anderen Namen gab als den eines Schurken.

Es waren die Tage der Niederwerfung der Revolution des Jahres 1905 – und das Gericht über den Schurken mußte hart sein: die Besiegten konnten nicht mit sich reden lassen, wenn damals einer ihrer Brüder ihre Köpfe an den Galgen, ihre Brust unter die Kugeln, Jahre menschlicher Qual in Gefängnis und Verbannung verkauft hatte – darüber war nicht zu diskutieren.

Sie hatte diesem Verräter nie ins Gesicht gesehen. Aus dem Untergrund fuhr sie ins Dorf zu ihrem dörflichen Vater, einem Diakon. Es war im Monat Juni. *Er* – sein Name war Andrej – kam zu ihr als ihr Bräutigam. All dies wußte der *Dritte* nicht, der Verräter, der den legalen Namen Andrejs nicht kannte. Der Dritte sollte auf die kleine Station kommen, fünf Werst von dem Dorf des Diakons entfernt, um Verbindung aufzunehmen, und sich mit Andrej in dem Wäldchen zu treffen, das gleich links von den Eisenbahnschwellen hinter der kleinen Schlucht lag.

Es war im Monat Juni. Wie, mit welchen Worten wohl könnte man von der ersten Liebe erzählen? Von einer Liebe, weiß wie Maiglöckchen und schwer in ihrer Frühlingshaftigkeit, wie die Farbe des Buchweizens und von einer Kraft, mit der man die Welt umgestalten kann – von einer Liebe, die nichts kannte außer einem Händedruck und den gemeinsam vorwärts auf die Welt gerichteten Augen – von einer Liebe (*er* wie *sie* wußten das jetzt nach einer Prüfung von zwanzig Jahren), die immer einmalig ist und bleibt. Es war Juni, der Monat des Heues, mit den Dämmerungen der Wachtelkönige:

мерках: развевались оржаным ветром оржаные ее волосы и обдувал ветер белое ее платье, чуть тяжелеющее от вечерней росы, и широко был расстегнут ворот вышитой его рубахи, и непонятно, каким образом держалась у него на затылке мятая его фуражка. Дьякон в палисаде, после сенокосного дня, глупейшие нравоучения читал о семейной жизни и в наивной хитрости расхваливал, как купец товар, качества своей дочки. При дьяконе весело они играли во влюбленных. Дьякон уходил в сарай спать. Они шли в поле. И, сколь при дьяконе нежно руку клала она ему на плечо, – в поле здесь шли они на аршин друг от друга, в любви, как мартовские льдинки под ногою, и в разговорах – не ниже, чем о Бокле, хоть старый Бокль тогда уже и устарел.

Ни разу не говорили они о том, что они должны убить.

И пришел день, когда в сумерки он сказал, что сегодня ночью они: *должны пойти.* В этот день они легли спать с курами, – и и через час после того, как улеглись они спать, встретились они за овинами в сосняке. По-прежнему на затылке была его фуражка, – из мрака возникнув в белом платье, синея во мраке, подошла она в белом платочке, монашески повязанном. В руках у нее был узелок.

– Что ты несешь?
– Взяла хлеб на дорогу.

И тогда он поправил фуражку на голове, ничего не сказав. Она взглянула на него, на-

im Wind über dem Roggen flatterte ihr roggenfarbenes Haar, und der Wind umspielte ihr weißes Kleid, das vom Tau des Abends schwer wurde – und weit offen war der Kragen seines gestickten Hemdes, und man verstand nicht, wie sich die zerdrückte Mütze auf seinem Hinterkopf hielt. Nach einem Tag in der Heuernte las der Diakon im Vorgarten dumme Unterweisungen über das Familienleben, und voller naiver Pfiffigkeit lobte er die Qualitäten seiner Tochter wie ein Kaufmann seine Ware.

Bei dem Diakon gaben sie sich fröhlich als Verliebte. Der Diakon begab sich in den Schuppen, um zu schlafen. Sie gingen aufs Feld. So viel sie ihm auch bei dem Diakon zärtlich die Hand auf die Schulter gelegt hatte – hier auf dem Felde gingen sie in einer Armlänge Abstand nebeneinander her, in Liebe, wie die Eisstücke im März unter dem Fuß, und in Gespräche vertieft – nicht geringere als über Bokl, obwohl der alte Bokl schon damals überholt war.

Sie sprachen kein einziges Wort darüber, daß sie töten mußten.

Und es kam der Tag, als er in der Dämmerung sagte, daß sie heute nacht – gehen mußten. An diesem Tag legten sie sich mit den Hühnern schlafen, und eine Stunde nach dem Schlafengehen trafen sie sich hinter den Korndarren im Kiefernwald. Wie immer hing seine Mütze im Nacken – aus der Finsternis tauchte *sie* in ihrem weißen Kleid auf, bläulich in der Finsternis kam sie mit ihrem weißen Kopftuch heran, das in der Art der Nonnen gebunden war. In den Händen hatte sie ein Bündelchen.

«Was trägst du da?»

«Ich habe Brot für den Weg mitgenommen.»

Da rückte er sich die Mütze auf dem Kopf zurecht, ohne etwas zu sagen. Sie blickte ihn an, wandte ihm ihr

клонив к нему свое лицо. Она выпрямилась, медленно развязала платочек и бросила в кусты куски хлеба. Он ничего не сказал.

Сказала она:

– Пойдем.

И они пошли лесной тропинкой, молча. Лес пахнул медами июля, кричал вдали филин, тесною стеною стояли деревья. Они шли рядом, плечо в плечо, молча. Подавал иной раз он ей руку, чтобы помочь, и доверчиво брала она его руку. Надо было спешить к ночному поезду, и они шли торопливо, ни на минуту не приходили к нему мысли о том, что он – тем револьвером, что лежит у него в кармане – должен через час *убить человека*, потому что он знал, что он *должен пристрелить гадину*, переставшую быть для него человеком. Что думала она – он не знал, как не узнал никогда. Она шла рядом, его единственное, его любовь, его гречишневые тяжести, – голова ее в белом платочке была упрямо наклонена, так же, как тогда, когда вызвалась она пойти убить провокатора. – Из леса они вышли в поле. Вдалеке в поле возникли огни станции, и быстрее заспешили они, – он шел впереди, и шаг в шаг шла она за ним. Они подошли к осиновой косе. Шелестели иудинно осины, черной стеной стал за осинами сосновый лес, пахнуло с поля картофельным цветом, – горели в вышине блеклые звезды на пепельном российском июньском небе.

Здесь они остановились. Здесь, в этой осиновой косе, должна была остаться она,

Gesicht zu. Sie reckte sich, band langsam das Tuch auf und warf die Brotstücke zur Seite in die Sträucher. Er sagte nichts.

Sie sagte:

«Gehen wir.»

Und sie gingen schweigend den Waldpfad entlang. Der Wald duftete nach dem Honig des Juni, von fern rief ein Uhu, wie eine dichte Mauer standen die Bäume. Sie gingen nebeneinander, Schulter an Schulter, schweigend. Manchmal reichte er ihr die Hand, um ihr zu helfen, und zutraulich ergriff sie sie. Zum Nachtzug mußten sie sich beeilen, und sie schritten rasch, keine Minute kamen ihm Gedanken darüber, daß er – mit dem Revolver, der in seiner Tasche steckte – in einer Stunde einen Menschen töten mußte, weil er wußte, daß er ein Scheusal erschießen mußte, das für ihn aufgehört hatte, ein Mensch zu sein.

Was sie dachte – er wußte es nicht, und er hat es auch nie erfahren. Sie ging neben ihm, sein Einziges, seine Liebe, seine buchweizenschwere Bürde – ihr Kopf in dem weißen Tüchlein war gerade so gesenkt wie damals, als sie sich erbot, den Verräter zu töten. Aus dem Wald kamen sie aufs Feld hinaus. In der Ferne auf dem Feld tauchten die Lichter der Eisenbahnstation auf, und sie beeilten sich noch mehr – er ging voraus, und sie folgte ihm auf dem Fuß.

Sie näherten sich dem Espenwäldchen. Verräterisch raschelten die Judas-Espen, als schwarze Wand stand hinter den Espen der Kiefernwald, vom Feld her roch es nach Kartoffeln, in der Höhe leuchteten die fahlen Sterne am aschfarbenen russischen Junihimmel.

Hier hielten sie an. Hier in diesem Espenwäldchen sollte sie bleiben, er mußte zu den Kiefern gehen. In

он должен был пойти к соснам. Вдали прошумел поезд, отошел от станции. Было еще свободных десять минут. Он сел на траву, около осины. Покорно села она рядом.

– А правда, неплохо было бы съесть кусок хлеба, – сказал он.

Она ничего не ответила.

– У тебя револьвер в порядке? – спросил он.

Она молча протянула руку, в руке зажат был револьвер.

– Ты будешь стрелять, если мне не удастся убить. Если я буду тяжело ранен, ты дострелишь меня, – сказал он.

Она наклонила голову в знак утверждения, ничего не сказав.

Больше они не говорили. Он закурил папиросу, выкурил ее в кулак, крепко отплюнулся, поправил фуражку и встал. Она тоже встала.

Он протянул ей руку. Она слабо сжала его руку, потянула ее к себе – и покойным девичьим поцелуем поцеловала она его в губы, первый и последний раз в их жизни. Вновь поправил он фуражку, круто повернулся и пошел во мрак осин. Прошед уже много шагов, он взглянул назад: он увидел белое платье, ее, побежавшую от опушки вниз в овражек, к мосту, к ольшанику, бежала она широкой решительной побежкой. Он пошел дальше, к соснам. Кричали в поле коростели и глубоким покойствием шла ночь.

С насыпи в туман овражка, к соснам пошел третий, человек в соломенной шляпе,

der Ferne rauschte ein Zug vorbei, er kam von der Bahnstation. Es blieben noch zehn Minuten. Er setzte sich auf das Gras, neben einer Espe. Gefügig setzte sie sich daneben.

«Wirklich, es wäre nicht schlecht, ein Stück Brot zu essen», sagte er.

Sie antwortete nichts.

«Ist dein Revolver in Ordnung?» fragte er.

Schweigend streckte sie die Hand aus, und in ihrer Hand hielt sie den Revolver gepreßt.

«Du wirst feuern, wenn es mir nicht gelingt, ihn zu töten. Wenn ich schwer verwundet sein sollte, erschießt du mich», sagte er.

Sie neigte den Kopf als Zeichen der Bestätigung, ohne etwas zu sagen.

Mehr sprachen sie nicht. Er steckte sich eine Zigarette an, rauchte sie in der Faust zu Ende, spuckte kräftig aus, rückte die Mütze zurecht und stand auf. Sie stand auch auf.

Er streckte die Hand nach ihr aus. Sie drückte schwach seine Hand, zog sie zu sich – und mit einem ruhigen mädchenhaften Kuß küßte sie ihn auf die Lippen, das erste und das letzte Mal in ihrem Leben. Noch einmal rückte er seine Mütze zurecht, wandte sich schroff um und ging in die Finsternis der Espen. Nachdem er schon ein Stück gegangen war, blickte er zurück: er sah das weiße Kleid, er sah sie, die vom Waldrand hinunter in die kleine Schlucht gelaufen war, zur Brücke, zum Erlengebüsch, sie lief mit weitem, entschlossenen Schritt. Er ging weiter, auf die Kiefern zu. Die Wachtelkönige schrien im Feld, es herrschte die tiefe Ruhe der Nacht.

Vom Damm in den Nebel der kleinen Schlucht, zu den Kiefern, kam der *Dritte*, ein Mann mit einem Strohhut,

в пальто. Этот третий пошел к соснам. Этого третьего встретил Андрей.

– Это ты, Кондратий? – спросил третий Андрея.

– Да это я, – ответил Андрей. – Пойдем.

Они пошли рядом. Андрею показалось, что этот третий идет так, чтобы все время быть сзади Андрея, а когда Андрей клал руку в карман, тот подходил вплотную.

– Что с тобой, Кондратий? – спросил третий.

Андрей ничего не ответил, – отступив шаг назад, выхватил он из кармана револьвер и в упор в грудь выстрелил в провокатора. Тот улыбнулся и сел на землю, беспомощно подняв руки вверх, в правой руке у него был браунинг. Андрей выстрелил второй раз в это улыбающееся лицо. Человек мешком муки повалился навзничь. Андрей пошел прочь, крупными шагами. Так он прошел шагов сто. И тогда вернулся к трупу, наклонился над ним, толкнул его ногой. Труп поправил неестественно подогнувшуюся ногу, лицо мертвецки улыбалось. Андрей еще раз толкнул его и осторожно, как люди, боящиеся заразиться, стал обыскивать его карманы. В это время к соснам подошла она, осмотрела внимательно убитого и Андрея, отошла к опушке, стала спиною к соснам.

Андрей подошел к ней, она молча пошла вперед. Так они и шли: она впереди, он сзади. Все версты они шли, не отдыхая. Над землею возникал рассвет, багровой зарею покрывался восток, месяц, поднявшийся

im Mantel. Dieser Dritte kam zu den Kiefern. Diesem Dritten begegnete Andrej.

«Bist du es, Kondratij?» fragte der Dritte Andrej.

«Ja, ich bin es», antwortete Andrej. «Gehen wir.»

Sie gingen nebeneinander. Andrej schien es, als ginge der Dritte so, daß er immerzu hinter Andrej blieb, und wenn Andrej die Hand in die Tasche tat, kam er dicht heran.

«Was ist denn los mit dir, Kondratij?» fragte der Dritte.

Andrej antwortete nichts – er tat einen Schritt zurück, nahm den Revolver aus der Tasche, hielt ihn dem Verräter gegen die Brust und schoß. Der lächelte und setzte sich auf die Erde, hilflos die Hände erhoben, und in seiner rechten Hand war ein Browning. Andrej schoß ein zweites Mal in dieses lächelnde Gesicht. Der Mann fiel wie ein Sack Mehl nach hinten. Andrej entfernte sich mit festem Schritt. Hundert Schritte ging er so.

Und als er zu der Leiche zurückkehrte, beugte er sich über sie und stieß sie mit dem Fuß an. Die Leiche streckte unnatürlich ein untergeschlagenes Bein aus, das Gesicht lächelte im Tode. Noch einmal stieß ihn Andrej an und begann vorsichtig – wie Leute, die sich vor Ansteckung fürchten – seine Taschen zu untersuchen. In dieser Zeit näherte *sie* sich den Kiefern, betrachtete aufmerksam den Getöteten und Andrej, ging zum Waldrand fort und stand mit dem Rücken zu den Kiefern.

Andrej näherte sich ihr, sie ging schweigend vorwärts. So gingen sie: sie voraus, er hinter ihr. Die ganze Strecke gingen sie ohne anzuhalten. Über der Erde erhob sich die Morgendämmerung, der Osten färbte sich purpurrot, der Mond, der sich in die Morgenröte

рассвету, новую посыпал росу. Восход солнца предупредил торжественность тишины. Ни слова не сказали они друг другу за всю дорогу. Бесшумно они прошли в дом.

III

Никогда больше ни слова не сказали они друг другу с глазу на глаз. На утро тогда веселым смехом она разбудила его, добродушнейшие глупости говорил дьякон за каротфельным завтраком, нежной невестой ластилась она к жениху. Дьякон ушел, – они остались одни, – и они замолчали. Так прошло три дня, тогда, когда пережидали они, чтобы замести следы, но за эти три дня даже вести не дошли до их села, – и на четвертый день дьякон отвез их на станцию, перецеловал крепко обоих на перроне, перекрестил, благословил, – и в Москве с вокзала пошли они в разные стороны, ни слова не сказав друг другу.

...Навсегда остались в памяти проселок, перелесок осенний, мост в овражке, картофельное поле. Осины пожелтели, шелестят иудами, сыплят мокрые листы. Все разбухло от осенней грязи, и грязь налипает на сапоги по колено... Но вот сумерки налились каракатичной кровью ночи, и все провалилось во мрак, в котором *ничего не видно...* – Этот осенний осиновый иудин перелесок остался в памяти не от той ночи, когда он убил здесь человека, ибо тогда был сенокос, медовый июнь, – но от той когда он, по странному закону природы, повелевающему убийце прийти на место

erhoben hatte, brachte neuen Tau. Der Sonnenaufgang leitete die Feierlichkeit der Stille ein. Auf dem ganzen Weg sprachen sie kein Wort miteinander. Lautlos traten sie ins Haus.

III

Nie wieder sprachen sie ein Wort darüber unter vier Augen. Am Morgen weckte sie ihn mit einem fröhlichen Lachen, beim Kartoffelfrühstück redete der Diakon gutmütige Dummheiten, als zärtliche Braut näherte sie sich dem Bräutigam.

Der Diakon ging fort – sie blieben allein – und sie begannen zu schweigen. So verliefen drei Tage, während sie warteten, daß ihre Spuren sich verwischten; in diesen drei Tagen kamen keinerlei Nachrichten zu ihrem Dorf – und am vierten Tage brachte der Diakon sie zum Bahnhof, auf dem Bahnsteig küßte er sie beide kräftig, schlug das Kreuz und segnete sie – und in Moskau gingen sie vom Bahnhof aus in verschiedene Richtungen, ohne ein Wort miteinander zu sprechen.

Für immer blieben in der Erinnerung der Feldweg, das Espenwäldchen, die Brücke in der kleinen Schlucht, das Kartoffelfeld. Die Espen sind gelb geworden, sie rascheln verräterisch, sie streuen ihre feuchten Blätter aus. Es ist alles mit Herbstschlamm bedeckt, und der Schmutz klebt an den Stiefeln bis zum Knie... Nun war die Dämmerung in das tintenschwarze Blut der Nacht übergegangen, und alles zerfloß in der Finsternis, in der man nichts sieht... Dieses Judaswäldchen der Espen im Herbst blieb in der Erinnerung nicht von der Nacht, als er hier den Menschen tötete, denn das war der Juni, der Monat des Heues und des Honigs – sondern von der Nacht, als er gemäß dem seltsamen Gesetz der Natur, das dem Täter befiehlt, an den Ort der Tat zurückzu-

убийства, – черными осенними сумерками пришел прокоротать ночь на том месте, где он: *убил любовь*.

...Осенний перелесок, сумерки, дождик, – и потом мрак, в котором ничего не видно... Вечером, после улицы дня и после рек московских улиц, надо подниматься лифтом на третий этаж первого Дома Советов. В комнату, если не зажигать электричества, идет синий свет улиц, – и в синем этом мраке над Кремлем, над зданием ЦИК'а плещется красное знамя, – то, ради которого погребен в памяти осиновый перелесок.

Юрий К. Олеша – Вишневая косточка

В воскресенье я побывал на даче в гостях у Наташи. Кроме меня, было еще трое гостей: две девушки и Борис Михайлович. Девушки с Наташиным братом Эрастом отправились на реку кататься в лодке. Мы, то есть Наташа, Борис Михайлович и я, пошли в лес. В лесу мы расположились на полянке; она была ярко освещена солнцем. Наташа подняла лицо, и вдруг её лицо показалось мне сиящим фарфоровым блюдцем.

Со мной Наташа обращается, как с равным, а с Борисом Михайловичем – как со старшим, ластится к нему. Она понимает, что это мне неприятно, что я завидую Борису Михайловичу, и поэтому она часто

kehren – als er in der schwarzen Herbstdämmerung kam, um die Nacht an dem Platz zu verbringen, wo er – die Liebe getötet hatte.

Das herbstliche Wäldchen, die Dämmerung, der feine Regen – und dann Finsternis, in der man nichts sieht... Abends, nach Straße und Tag, nach den Strömen der Moskauer Straßen, muß man mit dem Lift in die dritte Etage des Ersten Hauses der Sowjets fahren. In das Zimmer fällt, wenn man nicht das elektrische Licht anschaltet, der bläuliche Schimmer von den Straßen – und in dieser bläulichen Dämmernis weht das rote Banner über dem Kreml, über dem Gebäude des Zentralkomitees, das Banner, dessentwegen das herbstliche Wäldchen in der Erinnerung begraben liegt.

Jurij Olescha: Der Kirschkern

Am Sonntag war ich bei Natascha in ihrem Landhaus zu Gast. Außer mir waren noch drei Gäste: zwei Mädchen und Boris Michailowitsch. Die Mädchen gingen mit Nataschas Bruder Erast an den Fluß, zum Bootfahren. Wir, das heißt Natascha, Boris Michailowitsch und ich, begaben uns in den Wald.

Im Walde ließen wir uns auf einer Lichtung nieder, die hell von der Sonne beschienen war. Natascha hob ihr Gesicht, und plötzlich kam mir ihr Gesicht wie ein schimmerndes kleines Porzellanschälchen vor.

Natascha geht mit mir wie mit einem Altersgenossen um, mit Boris Michailowitsch aber wie mit einem viel älteren, sie schmeichelt sich an ihn heran. Sie versteht, daß mir das unangenehm ist und daß ich Boris Michailowitsch beneide, und darum ergreift sie häufig meine

берёт меня за руку и, что ни скажет, тотчас же обращается ко мне с вопросом:

– Правда, Федя?

То есть как бы просит у меня прощенья, но не прямо, а как-то по боковой линии.

Стали говорить о птицах, потому что из чащи раздался смешной голос птицы. Я сказал, что никогда в жизни не видел, например, дрозда, и спросил: каков он собой – дрозд?

Из чащи вылетела птица. Она пролетела над полянкой и села на торчащую ветку неподалеку от наших голов. Она не сидела, впрочем, а стояла на качающейся ветке. Она моргала. И я подумал, как некрасивы у птиц глаза – безбровые, но с сильно выраженными веками.

– Что это? – спросил я шепотом. – Дрозд? Это дрозд?

Никто не отвечает мне. Я повернут к ним спиной. Мой жадный взгляд не следит за ними, они наслаждаются одиночеством. Я смотрю на птицу. Оглянувшись, я вижу: Борис Михайлович гладит Наташу по щеке. Его рука думает: пусть он смотрит на птицу, обиженный молодой человек! Уже я не вижу птицы, я прислушиваюсь: я слышу расклеивающийся звук поцелуя. Я не оглядываюсь, но они пойманы: они видят, что я вздрогнул.

– Это дрозд? – спрашиваю я.

Птицы уже нет. Она улетела вверх, сквозь крону дерева. Этот полёт затруднён, – она летит, чиркая листьями.

Наташа угощала нас вишнями. Одну

Hand und wendet sich, was sie auch sagt, sogleich an mich mit der Frage:

«Nicht wahr, Fedja?»

Es ist als bitte sie mich um Verzeihung, aber nicht direkt, sondern gewissermaßen auf einem Umweg.

Wir begannen über Vögel zu sprechen, weil aus dem Dickicht eine komische Vogelstimme erklang. Ich sagte, daß ich noch nie in meinem Leben beispielsweise eine Drossel gesehen hätte, und fragte: wie sieht sie eigentlich aus, die Drossel?

Aus dem Dickicht kam ein Vogel geflogen. Er flog über die Lichtung hin und setzte sich auf einen vorstehenden Zweig, unweit von unseren Köpfen. Übrigens saß er nicht, sondern er stand auf dem schaukelnden Zweige. Er blinzelte. Und ich mußte denken, wie unschön doch Vogelaugen sind – ohne Brauen, mit stark entwickelten Augenlidern.

«Was ist das für einer?» fragte ich flüsternd. «Eine Drossel? Ist das eine Drossel?»

Niemand antwortet mir. Ich liege mit dem Rücken zu ihnen. Ich verfolge sie nicht mit gierigen Blicken, sie genießen die Einsamkeit. Ich schaue den Vogel an. Doch als ich mich umdrehe, sehe ich: Boris Michailowitsch streichelt Nataschas Wange. Seine Hand denkt dabei: mag der nur auf den Vogel schauen, der beleidigte junge Mann!

Und schon sehe ich nicht mehr den Vogel, ich horche: und ich vernehme den Laut eines Kusses. Ich schaue mich nicht um, aber sie sind ertappt: sie haben gesehen, wie ich zusammengezuckt bin.

«Ist das eine Drossel?» frage ich.

Der Vogel ist schon nicht mehr da. Er ist fortgeflogen, hinauf durch die Baumkrone. Dieser Flug ist behindert, der Vogel berührt die raschelnden Blätter im Fluge.

Natascha bewirtete uns mit Kirschen. Einen Kern be-

косточку, по детской привычке, я оставил во рту. Она каталась во рту и была обсосана дочиста. Я вынул её, – она имела вид деревянный.

Я ушёл с дачи с вишневой косточкой во рту.

Я путешествую по невидимой стране.

Вот я иду – возвращаюсь с дачи в город. Солнце заходит, я иду на восток. Я совершаю двойной путь. Один мой путь доступен наблюдению всех: встречный видит человека, идущего по пустынной зеленеющей местности. Но что происходит с этим мирно идущим человеком? Он видит впереди себя свою тень. Тень движется по земле, далеко протянувшись; у неё длинные бледные ноги. Я пересекаю пустырь, тень поднимается по кирпичной стене и вдруг теряет голову. Этого встречный не видит, это вижу только я один. Я вступаю в коридор, образовавшийся между двумя корпусами. Коридор бесконечно высок, наполнен тенью. Здесь почва гниловата, податлива, как в огороде. Навстречу, вдоль стены, заранее сторонясь, бежит одичалая собака. Мы разминулись. Я оглядываюсь. Порог, оставшийся позади, сияет. Там, на пороге, собаку мгновенно охватывает протуберанец. Затем она выбегает на пустырь, и лишь теперь я получаю возможность определить её цвет – рыжий.

Всё это происходит в невидимой стране, потому что в стране, доступной нормальному зрению, происходит иное: просто пут-

hielt ich im Munde, wie ich es aus der Kinderzeit gewöhnt war. Er glitt im Munde hin und her und wurde ganz sauber abgelutscht. Ich nahm ihn heraus, er sah hölzern aus.

Mit dem Kirschkern im Munde verließ ich das Landhaus.

Ich reise durch ein unsichtbares Land.

Da gehe ich nun – ich kehre vom Landhaus in die Stadt zurück. Die Sonne geht unter, ich gehe nach Osten. Ich bewege mich in zwiefacher Wanderung. Der eine Weg ist für alle ersichtlich: wer mir entgegenkommt, sieht einen Mann, der durch eine grünende entlegene Landschaft geht. Doch was geschieht mit diesem friedlich wandernden Menschen? Er sieht seinen eigenen Schatten vor sich. Lang ausgezogen bewegt sich dieser Schatten über den Boden: er hat lange blasse Beine. Ich überquere einen unbebauten Platz zwischen Wohnhäusern, der Schatten klettert eine Ziegelwand empor und verliert plötzlich seinen Kopf. Das sieht kein Entgegenkommender; ich alleine sehe es. Ich trete in den Gang, den zwei Häuserblöcke bilden. Der Gang ist unendlich hoch und voll von Schatten. Hier ist der Boden modrig, nachgebend wie in einem Gemüsegarten. An der Wand entlang, schon vorzeitig ausweichend, läuft mir ein verwilderter Hund entgegen. Nun sind wir aneinander vorbei. Ich blicke mich um. Eine Schwelle hinter mir schimmert hell. Und dort auf der Schwelle wird der Hund im Nu von einem aufleuchtendem Lichtschein erfaßt. Dann läuft er auf den freien Platz hinaus, und erst jetzt habe ich die Möglichkeit, seine Farbe zu bestimmen – er ist rotbraun.

All das trägt sich in dem unsichtbaren Lande zu, weil in dem Lande, das dem normalen Auge zugänglich ist, etwas anderes geschieht: ein Wanderer begegnet ganz

ник встречает собаку, заходит солнце, зеленеет пустырь...

Невидимая страна – это страна внимания и воображения. Не одинок путник! Две сестры идут по бокам и ведут путника за руки. Одну сестру зовут Внимание, другую – Воображение.

Так, значит, что же? Так, значит, наперекор всем, наперекор порядку и обществу, я создаю мир, который не подчиняется никаким законам, кроме призрачных законов моего собственного ощущения? Что же это значит? Есть два мира: старый и новый, – а это что за мир? Мир третий? Есть два пути; а это что за третий путь?

Наташа назначает мне свидание, и сама не приходит.

Я прихожу за полчаса до срока.

Трамвайные часы висят над перекрёстком. Они напоминают бочонок – не правда ли? Два циферблата. Два днища. О, пустая бочка времени!..

Наташа должна прийти в три с половиной. Я жду. О, конечно не придёт. Десять минут четвёртого.

Я стою на трамвайной остановке. Всё движется вокруг меня, я один возвышаюсь... Заблудившиеся видят меня издали. И вот начинается... Подходит неизвестная гражданка.

– Будьте любезны, – говорит неизвестная гражданка, – на двадцать седьмом я доеду до Кудринской?

Никто не должен знать, что я жду сви-

einfach einem Hund, die Sonne geht unter, und ein leerer Platz erscheint grün...

Dies unsichtbare Land – das ist das Land der Aufmerksamkeit und der Einbildungskraft. Der Wanderer ist nicht einsam! Zwei Schwestern gehen an seiner Seite und führen den Wanderer an der Hand. Die eine Schwester heißt Aufmerksamkeit, die andere Einbildungskraft.

Also was bedeutet das? Es bedeutet wohl, daß ich im Gegensatz zu allem, aller Ordnung und Gesellschaft zum Trotz, eine Welt erschaffe, die sich keinerlei Gesetzen unterwirft außer den visionären Gesetzen meiner eigenen Empfindung? Und was bedeutet nun das? Es gibt zwei Welten, die alte und die neue. Aber was für eine Welt ist diese? Eine dritte Welt? Es gibt zwei Wege; was aber ist das für ein dritter Weg?

Natascha hat mir ein Rendezvous angesagt, kommt aber nicht.

Ich bin eine halbe Stunde vor der Zeit da.

Über der Kreuzung hängt die Tram-Uhr. Sie läßt mich an ein kleines Faß denken – ist es nicht so? Zwei Zifferblätter. Zwei Faßböden. O leeres Faß der Zeit!...

Natascha soll um halb vier kommen. Ich warte. Ach, natürlich wird sie nicht kommen. Schon zehn Minuten nach drei.

Ich stehe an der Trambahnhaltestelle. Alles um mich herum ist in Bewegung, ich allein rage hier starr empor... Alle, die sich verlaufen haben, sehen mich schon von fern. Und schon geht es los... Eine unbekannte Bürgerin kommt auf mich zu.

«Seien Sie so liebenswürdig», sagt die unbekannte Bürgerin, «komme ich mit der Siebenundzwanzig zur Kudrinskaja?»

Niemand braucht zu wissen, daß ich auf ein Rendez-

дания. Пусть лучше думают так: «Широко улыбающийся молодой человек вышел на угол устраивать чужое благополучие, он всё расскажет, он направит, он успокоит... К нему! К нему!»

— Да, — отвечаю я, изнемогая от учтивости. — Вы доедете на двадцать седьмом до Кудринской...

И тут же спохватываюсь и весь как-то кидаюсь за гражданкой:

— Ах, нет! Ах, нет! Вам надо сесть на шестнадцатый.

Забудем о свидании. Я не влюбленный. Я добрый гений улицы. Ко мне! Ко мне!

Четверть четвёртого. Стрелки соединились и вытянулись по горизонтали. Видя это, я думаю:

«Это муха сучит лапками. Беспокойная муха времени».

Глупо! И какая там муха времени!
Она не идёт, она не придёт.
И приближается красноармеец.

— Скажите, — спрашивает он, — где здесь музей Дарвина?

— Не знаю... кажется, туда... Позвольте... позвольте... нет, не знаю, товарищ, не знаю...

Дальше! Кто следующий? Не стесняйтесь...

Такси, описав вираж, подкатывает ко мне. Вы посмотрите, как презирает меня шифёр! Не силами души, нет! Станет он снисходить до того, чтобы презирать меня силами души... Перчаткой он презирает меня!!! Товарищ шофёр, поверьте мне, я ведь

vous warte. Mag man lieber dies denken: Ein breit lächelnder junger Mann stellt sich an die Ecke, um für fremde Wohlfahrt zu sorgen, er wird alles erklären, wird die Richtung angeben, wird beruhigen... Auf, zu ihm! zu ihm!

«Ja», entgegne ich, fast zerbrechend vor Höflichkeit. «Sie kommen mit der Siebenundzwanzig zur Kudrinskaja...»

Doch da komme ich plötzlich zu mir und stürze geradezu der Bürgerin nach:

«Ach nein! Ach nein! Sie müssen die Sechzehn nehmen.»

Vergessen ist das Rendezvous. Ich bin kein Verliebter. Ich bin der gute Genius der Straße. Her zu mir! zu mir!

Viertel nach drei. Die Zeiger liegen jetzt übereinander, recken sich in der Horizontale. Bei diesem Anblick denke ich:

Das ist eine Fliege, die mit den Beinchen schlenkert. Die unruhige Fliege der Zeit.

Zu dumm! Was denn für eine Fliege der Zeit!

Sie kommt nicht, sie wird nicht kommen.

Und da nähert sich ein Rotarmist.

«Sagen Sie», fragt er, «wo ist hier das Darwin-Museum?»

«Ich weiß nicht... Mir scheint, Sie müssen dorthin... Gestatten Sie... gestatten Sie... Nein, ich weiß nicht, Genosse, ich weiß nicht....»

Weiter! Wer ist der nächste? Genieren Sie sich nur nicht...

Einen Kreis beschreibend, rollt ein Taxi an mich heran. Seht nur, wie sehr mich der Chauffeur verachtet! Nicht mit der Kraft der Seele, nein! Der läßt sich nicht so weit herab, mich mit der Kraft der Seele zu verachten... Mit seinem Handschuh verachtet er mich!! Genosse Chauffeur, so glauben Sie mir doch, ich bin lediglich ein Zu-

любитель, я и не знаю, куда повёртывать вам машину...

Я стою здесь не затем, чтобы указывать направление... У меня своё дело... Это стояние моё – вынужденное, жалкое! Я улыбаюсь не от добродушия, – я улыбаюсь напряжённо... присмотритесь!

– Куда на Варсоновский? – спрашивает шофёр через плечо.

И я, суетясь, объясняю: туда, туда, а потом туда...

Что ж, если на то пошло, то почему бы мне не стать посреди мостовой и всерьёз не взяться за дело, которое мне навязывают?

Идёт слепец. О, этот просто кричит на меня! Этот толкает меня тростью...

– Десятый номер идёт? – спрашивает он.
– А? Десятый?
– Нет, – отвечаю я, почти гладя его. – Нет, товарищ, это не десятый номер. Это второй. А вот подходит десятый.

Уже десять минут прошли сверх срока. Чего ждать ещё? А может быть она спешит где-то, летит?

«Ах, опоздала, ах, опоздала!!!»

Уже гражданка укатила на шестнадцатом, уже красноармеец ходит по прохладным залам музея, уже шофёр трубит на Варсонофьевском, уже слепец обдчиво и себялюбиво поднимается на переднюю площадку, неся впереди себя трость.

Все удовлетворены! Все счастливы!

А я стою, бессмысленно улыбаясь.

И вновь подходят и вопрошают: старушка, пьяный, группа детей с флагом. И уже

schauer, ich weiß nicht, wohin Sie Ihren Wagen lenken müssen...

Ich stehe nicht hier, um Richtungen anzuzeigen... Ich bin in eigener Sache hier... Dies mein Herumstehen ist zwangsläufig, es ist kläglich! Ich lächle nicht aus Gutmütigkeit – ich lächle angestrengt... Sehen Sie mich doch an!

«In welcher Richtung zur Warssonófjewskaja?» fragt der Chauffeur über die Schulter.

Und ich erkläre voller Eifer: dorthin, dorthin und dann dorthin...

Je nun, wenn dem so ist, warum sollte ich mich nicht mitten auf die Straße stellen und mich nicht im Ernst an die Sache machen, die man mir hier aufdrängt?

Ein Blinder kommt heran. O, der schreit mich geradezu an. Er stößt mich mit seinem Stock.

«Kommt die Linie zehn?» fragt er mich. «Wie? Die Zehn!»

«Nein», entgegne ich und streichle ihn fast dabei.

«Nein, Genosse, das ist nicht die Zehn. Das ist die Zwei. Aber dort kommt jetzt die Zehn.»

Schon zehn Minuten über die Zeit. Worauf warte ich noch? Es könnte freilich sein, daß sie irgendwo eilt, irgendwo fliegt?

«Ach ich komme zu spät, ach ich komme zu spät!»

Die Bürgerin ist schon lang auf der Sechzehn fortgerollt, der Rotarmist schreitet längst durch die kühlen Säle des Museums, der Chauffeur hupt bereits auf der Warssonófjewskaja, der Blinde klettert schon beleidigt und selbstgefällig auf die vordere Plattform und hält dabei seinen Stock vor sich.

Alle sind befriedigt! Alle glücklich!

Ich aber stehe da und lächle sinnlos.

Und wieder treten sie heran und fragen: eine alte Frau, ein Betrunkener, eine Kindergruppe mit einer Fahne.

начинаю я рубить воздух руками, — уже не просто киваю подбородком, как случайно спрошенный прохожий, нет! — уже я вытягиваю руку, поставив ладонь ребром... Ещё минута — вырастет из кулака моего жезл...

— Назад! — буду кричать я. — Стоп! На Варсонофьевский? Заворачивай! Старушка, направо! Стоп!

О, смотрите! Свисток висит между моих губ... Я свищу... Я имею право свистеть... Дети, завидуйте мне! Назад! Ого... смотрите: уже я могу стоять между двумя встречными вагонами, — я стою, смотрите, выставив одну ногу и сложив руки за спиной и подпирая лопатку пунцовым жезлом. Поздравьте меня, Наташа. Я превратился в милиционера...

Тут я вижу: Авель стоит поодаль и наблюдает за мной. (Авель — это мой сосед.)

Наташа не придёт — это ясно. Я подзываю Авеля.

Я. Вы видели, Авель?

Авель. Я видел. Вы сумасшедший.

Я. Вы видели, Авель? Я превратился в милиционера.

(Пауза. Ещё один взгляд в сторону часов. Куда там! Без десяти четыре.)

Авель. Ваша невидимая страна — это идеалистический бред.

Я. И знаете, что самое удивительное, Авель? Удивительно, что в этой волшебной стране я почему-то фигурирую милиционером... Казалось бы, я должен шествовать по ней спокойно и величественно, как

Und schon beginne ich mit den Armen die Luft zu hakken – schon nicke ich nicht einfach mit dem Kinn wie ein zufälliger Passant, der befragt wird. Nein, ich recke bereits den Arm mit senkrecht gestellter Hand... Noch eine Minute – und aus meiner Faust wird ein Signalstab wachsen...

«Zurück!» werde ich rufen. «Halt! Zur Warssonófjewskaja willst du? Bieg dort ein! Alte Frau, nach rechts! Halt!»

Oh, so seht nur! Eine Trillerpfeife hängt zwischen meinen Lippen... Ich peife... Ich habe das Recht zu pfeifen... Kinder, beneidet mich! Zurück! Oho... Und da schaut her: schon darf ich zwischen zwei sich begegnenden Straßenbahnen stehen – ich stehe, schaut doch nur, den einen Fuß vorgesetzt, die Hände auf dem Rücken, das Schulterblatt mit dem knallroten Signalstab berührend. Gratulieren Sie mir, Natascha. Ich habe mich in einen Milizionär verwandelt...

Doch da sehe ich: in der Nähe steht Abel und betrachtet mich. (Abel ist mein Nachbar.)

Natascha wird nicht kommen – klar. Ich rufe Abel heran.

Ich: Haben Sie gesehen, Abel?

Abel: Ich habe es gesehen. Sie sind verrückt.

Ich: Haben Sie gesehen, Abel? Ich habe mich in einen Milizionär verwandelt.

(Pause. Noch ein Blick zur Uhr. Ach was denn! Zehn vor vier.)

Abel: Ihr unsichtbares Land, nichts als idealistischer Quatsch.

Ich: Und wissen Sie, was das Allererstaunlichste ist, Abel? Erstaunlich ist, daß ich in diesem Zauberland aus irgendwelchen Gründen als Milizionär auftrete... Eigentlich sollte man meinen, daß ich in ihm als Herrscher geruhsam und majestätisch schreiten müßte, und der

властитель, и цветущий посох мудреца должен сиять в моей руке... А вот смотрите: в руке моей милицейский жезл! Какое странное скрещение мира практического и воображаемого.

(Авель молчит.)

И ещё более странно, что предпосылка, превращающая меня в милиционера, — неразделённая любовь.

Авель. Я ничего не понимаю. Это какое-то бергсонианство.

Я решил закопать косточку в землю.

Я выбрал местечко и закопал.

«Здесь, — подумал я, — вырастет вишнёвое дерево, посаженное мною в честь любви моей к Наташе. Может быть, когда-нибудь, через пять лет, весною, мы встретимся с Наташей у нового дерева. Мы станем по обе стороны, — вишнёвые деревья не высоки: можно, поднявшись на носки, шевельнуть самый верхний цветок. Будет ярко светить солнце, весна ещё будет пустовата, — это будут те дни весны, когда детей манят сточные канавы, — и уже наступит расцвет бумажного этого дерева».

Я скажу:

— Наташа, ярок и светел день, дует ветер, ещё более раздувающий свет дня. Ветер качает моё дерево, и оно скрипит лакированными частями. Каждый цветок его встаёт и снова ложится, и оттого оно становится то розовым, то белым. Это калейдоскоп весны, Наташа. Пять лет тому назад вы угостили меня вишнями, помните?

blühende Stab des Weisen in meiner Hand schimmern müßte... Aber da schauen Sie her: in meiner Hand ist der Signalstab der Milizionäre! Welch eine sonderbare Überschneidung der wirklichen und der eingebildeten Welt.

(Abel schweigt.)

Und am sonderbarsten ist es, daß die Voraussetzung, die mich in einen Milizionär verwandelt hat, unerwiderte Liebe ist.

Abel: Ich verstehe rein gar nichts. Das ist irgend so ein Bergsonismus.

Ich beschloß, den Kern in die Erde einzugraben.

Ich suchte ein Plätzchen aus und grub ihn ein.

Hier, überlegte ich, wird einmal ein Kirschbaum wachsen, den ich zum Ruhme meiner Liebe zu Natascha eingepflanzt habe. Möglich, daß wir, Natascha und ich, uns irgendwann nach fünf Jahren im Frühling vor dem neuen Baum treffen werden. Wir werden uns zu beiden Seiten aufstellen, Kirschbäume sind ja nicht hoch: wenn man sich auf die Zehenspitzen hebt, kann man leicht die oberste Blüte berühren. Die Sonne wird hell leuchten, der Frühling wird noch ein bißchen arm sein – denn das wird in den Frühlingstagen vor sich gehen, wenn die Rinnsteine die Kinder anlocken –, dieser Baum wird aber schon in baumwollener Blüte stehen.

Und ich werde sagen:

«Natascha, hell und leuchtend ist der Tag, es weht ein Wind, der das Licht dieses Tages noch heller macht. Der Wind läßt meinen Baum schaukeln, er knarrt mit seinen lackierten Teilen. Jede seiner Blüten richtet sich auf und legt sich wieder und daher sind sie bald rosig, bald weiß. Das ist das Kaleidoskop des Frühlings, Natascha. Vor fünf Jahren haben Sie mich mit Kirschen bewirtet, erinnern Sie sich? Unerwiderte Liebe macht die

Неразделённая любовь делает память нищей и яркой. Я помню до сих пор: ваша ладонь была лиловой от вишнёвого сока, и вы свернули её трубкой, ссыпая мне ягоды. Я унёс косточку во рту. Я посадил дерево в память о том, что вы меня не любили. Оно цветёт. Вот видите: я был осмеян тогда; мужественен был Борис Михайлович, победивший вас, я был мечтателен, инфантилен. Я искал в мире дрозда, пока вы целовались. Я был романтик. Но вот смотрите: твёрдое, мужественное дерево выросло из зерна романтика. Вы знаете: вишнёвый цвет – это душа мужчины, так считают японцы. Смотрите: стоит низкорослое крепкое японское дерево. Поверьте, Наташа, романтика – мужественная вещь, и над ней не стоит смеяться... Ведь всё дело в том, как подойти. Если бы Борис Михайлович застиг меня сидящим на корточках в пустыре и закапывающим инфантильную косточку, он ещё раз почувствовал бы свою победу надо мной – победу мужчины над мечтателем. А я ведь в это время прятал в землю ядро. Оно лопнуло и выпустило ослепительный заряд. Я прятал в землю семя. Это дерево – мой ребёнок от вас, Наташа. Приведите сына, которого вам сделал Борис Михайлович. Я посмотрю, так ли он здоров, чист и безотносителен, как это дерево, родившееся от инфантильного субъекта?

Я вернулся с дачи домой. Тотчас же из-за стены вышел Авель. Он профработник. Он

Erinnerung bettelarm und überhell. Ich sehe es noch heute: Ihre Handfläche war lila vor Kirschsaft, und Sie hielten sie wie einen Trichter und schütteten mir so die Früchte zu. Einen kleinen Kern trug ich im Mund davon. Ich pflanzte den Baum zur Erinnerung daran, daß Sie mich nicht liebten.

Er blüht. Aber schauen Sie: damals lachte man mich aus; ein richtiger Mann war Boris Michailowitsch, der Sie besiegte; ich war verträumt und infantil. Ich suchte nach einer Drossel in der Welt, derweil Sie einander küßten. Ich war ein Romantiker. Aber schauen Sie jetzt: ein fester mannhafter Baum wuchs aus dem Samenkern des Romantikers. Sie wissen: die Japaner halten die Kirschblüte für die Seele des Mannes. Schauen Sie: hier steht ein fester niedrig wachsender japanischer Baum. Glauben Sie mir, Natascha, die Romantik ist eine Männersache, und man sollte darüber nicht lachen ... Es hängt alles davon ab, wie man es anschaut. Wenn Boris Michailowitsch mich dabei ertappt hätte, wie ich auf den Fersen saß auf dem unbebauten Platz und den infantilen Kern eingrub, er hätte wieder einmal einen Sieg über mich fühlen können, den Sieg des Mannes über den Träumer. Ich aber steckte damals den kleinen Kern in die Erde. Er barst und entlud sich mit einer blendenden Ladung. Ich barg einen Samen in der Erde.

Dieser Baum ist mein Kind, das Sie mir gebracht haben, Natascha. Führen Sie doch den Sohn her, den Ihnen Boris Michailowitsch gemacht hat. Ich will sehen, ob er gesund, rein und unbedingt ist, wie dieser Baum, geboren von einem so infantilen Subjekt.»

Ich kehrte vom Landhaus heim. Sogleich trat Abel aus dem Nebenzimmer. Er ist bei der Gewerkschaft angestellt.

мал ростом, на нём толстовка из бумажного коверкота, сандалии, синие носки. Он выбрит, но щеки у него черны. Авель всегда кажется обросшим. Даже можно подумать, что у него не две, а только одна щека – чёрная. У Авеля орлиный нос и одна чёрная щека.

Авель. Что с вами происходит? Я ехал сегодня в дачном поезде и видел, как вы сидели на корточках в полосе отчуждения и руками разгребали землю. В чём дело? (Я молчу. Гуляет по комнате.) Человек сидит на корточках и роется в земле. Что он делает? Неизвестно. Он проводит опыт? Или у него припадок? Неизвестно. Разве у вас бывают припадки?

Я (после паузы). Знаете, о чём я думал, Авель? Я думал о том, что мечтатели не должны производить детей. Зачем новому миру дети мечтателей? Пусть мечтатели производят для нового мира деревья.

Авель. Это не предусмотрено планом.

Страна внимания начинается у изголовья, на стуле, который, раздеваясь перед отходом ко сну, вы придвинули к своей кровати. Вы просыпаетесь ранним утром, дом ещё спит, комната наполнена солнцем. Тишина. Не шевелитесь, чтобы не нарушить неподвижность освещения. На стуле лежат носки. Они коричневые. Но – в неподвижности и яркости освещения – вдруг замечаете вы в коричневой ткани отдельные, вьющиеся по воздуху разноцветные шерстинки: пунцовую, голубую, оранжевую.

Er ist klein, er trägt eine Tolstoibluse aus baumwollenem Covercoat, Sandalen und blaue Socken. Er ist glatt rasiert, seine Backen sind aber schwarz. Abel macht immer einen unrasierten Eindruck. Man könnte sogar glauben, daß er nicht zwei, sondern nur eine Backe habe – eine schwarze. Abel hat eine Adlernase und eine schwarze Backe.

Abel: Was ist mit Ihnen los? Als ich heute mit dem Vorortszug fuhr, sah ich, wie Sie auf den Fersen auf dem Trennstreifen hockten und mit den Händen die Erde aufwühlten. Warum eigentlich? (Ich schweige. Er geht im Zimmer auf und ab.) Ein Mensch hockt auf den Fersen und wühlt in der Erde. Was tut er da? Man weiß es nicht. Führt er vielleicht ein Experiment aus? Oder hat er einen krankhaften Anfall? Man weiß es nicht. Leiden Sie denn an Anfällen?

Ich (nach einer Pause): Wissen Sie, Abel, worüber ich nachdachte? Ich überlegte gerade, daß Träumer keine Kinder in die Welt setzen sollten. Was fängt die neue Welt mit Kindern von Träumern an? Mögen die Träumer doch lieber Bäume für die neue Welt schaffen.

Abel: Ist in der Planung nicht vorgesehen.

Das Land der Aufmerksamkeit beginnt am Kopfende, auf dem Stuhl, den Sie beim Auskleiden vor dem Schlafengehen ans Bett gerückt haben. Sie wachen am frühen Morgen auf, das Haus liegt noch im Schlaf, das Zimmer ist von Sonne erfüllt.

Stille. Bewegen Sie sich nicht, um die Regungslosigkeit der Beleuchtung nicht zu unterbrechen. Auf dem Stuhl liegen die Socken. Sie sind braun. In der Regungslosigkeit und Grelle der Beleuchtung bemerken Sie plötzlich im bräunlichen Gewebe einzelne in die Luft ragende verschiedenfarbige Härchen: hochrote, hellblaue, orangenfarbene.

Воскресное утро. Я вновь иду по знакомому пути в гости к Наташе. Нужно написать «Путешествие по невидимой стране». Если угодно, вот глава из «Путешествия», которую следует озаглавить:

«Человек, поторопившийся бросить камень».

Росли под кирпичной стеной кусты. Я пошёл вдоль кустов по тропинке. Я увидел в стене нишу и захотел бросить в нишу камешек. Я нагнулся, камень лежал у ног... Тут я увидел муравейник.

Лет двадцать тому назад я видел муравейник в последний раз. О, конечно, не раз в течение двадцати этих лет случалось мне шагать по муравейникам, — мало ли раз? И, наверное, я видел их, но, увидев не думал: «Иду по муравейникам», а просто в сознании выделялось лишь слово «муравейник» — и всё. Живой образ мгновенно выталкивался услужливо подвернувшися термином.

О, я вспомнил: муравейники обнаруживаются взглядами внезапно. Один... О! Потом другой! Потом — смотрите! смотрите! — ещё один! Так произошло и теперь. Один за другим появились три муравейника.

С высоты моего роста муравьёв я не мог видеть; зрение улавливало лишь некое беспокойство форм, которые с успехом можно было счесть неподвижными. И зрение охотно поддавалось обману: я смотрел и согласен был думать, что это не муравьи во множестве снуют вокруг муравейника, а сами муравейники осыпаются, как дюны.

Sonntagmorgen. Ich gehe aufs neue den bekannten Weg, Natascha besuchen. Man sollte eine «Reise durch das unsichtbare Land» beschreiben. Wenn Sie wollen, folgt hier ein Kapitel aus der «Reise», das man folgendermaßen betiteln müßte:

«Der Mann, der voreilig den Stein warf.»

An der Ziegelwand wuchsen Büsche. Ich ging auf dem Fußweg an den Büschen entlang. Ich erblickte eine Nische in der Wand und hatte vor, einen kleinen Stein in die Nische zu werfen. Ich bückte mich, ein Stein lag vor meinen Füßen... Und da bemerkte ich einen Ameisenhaufen.

Zwanzig Jahre ist es her, daß ich zum letztenmal einen Ameisenhaufen gesehen habe. O, ich bin im Laufe dieser zwanzig Jahre natürlich schon manchmal über Ameisenhaufen gestiegen – wie oft schon.

Und sicher habe ich sie gesehen, aber nicht gedacht: jetzt steige ich über Ameisenhaufen, in mein Bewußtsein drang nichts als das Wort «Ameisenhaufen», das war alles. Das lebendige Bild wurde sogleich von dem dienstbereit auftauchenden Terminus verdrängt.

O, ich entsann mich sehr wohl: Ameisenhaufen werden dem Blick immer plötzlich sichtbar. Erst einer... O! dann ein anderer! Und dann – schaut nur! Schaut! Noch einer! Genauso kam es auch jetzt. Einer nach dem anderen tauchten drei Ameisenhaufen auf.

Von der Höhe meines Wuchses aus konnte ich keine Ameisen sehen; mein Blick stellte bloß eine gewisse Unruhe der Formen fest, die man doch eigentlich für unbeweglich halten mußte. Und der Blick gab sich nur zu willig der Täuschung hin: ich sah und wäre bereit gewesen, anzunehmen, daß hier gar keine Ameisen in Mengen um die Ameisenhaufen herumwimmelten, sondern daß die Ameisenhaufen selber gleich Dünen rieselten.

С камнем в руке стоял я шагах в четырёх от стены. Камень должен был остановиться в нише. Я размахнулся. Камень улетел и ударился в кирпич. Взвилась струйка пыли. Я не попал. Камень упал к подножию стены, в кусты. Тогда лишь услышал я возглас камня, раздавшийся в ладони моей еще до того, как ладонь разжалась.

– Подожди! – крикнул камень. – Посмотри на меня!

И действительно, я вспомнил. Нужно было подвергнуть камень осмотру. Ведь, без сомнения же, он представлял собой замечательную вещь. И вот он в кустах, в зарослях – исчез! И я, державший в руке вещь, не знаю даже, какого она была цвета. А камень, возможно, был лиловат; возможно, не монолитен, а состоял из нескольких тел: какая-нибудь окаменелость, возможно, была заключена в нём – останки жука или вишнёвая косточка; возможно, был камень порист, и, наконец, может, вовсе на камень поднял я с земли, а позеленевшую кость!

Я встретил по дороге экскурсию.

Двадцать человек шли по пустырю, в котором покоилась косточка. Их вёл Авель. Я отошёл в сторонку. Авель не увидел меня, верней – не понял: он увидел меня, но не воспринял; как всякий фанатик, он поглотил меня, не дожидаясь согласия или сопротивления.

Авель отделился от паствы, повернулся к ней лицом (ко мне спиной) и воскликнул, мощно размахнув рукой:

Den Stein in der Hand haltend, hielt ich vier Schritte von der Wand. Der Stein hätte in die Nische treffen sollen. Ich holte aus. Der Stein flog und traf auf einen Ziegel. Ein Wölkchen Staub erhob sich. Ich hatte nicht getroffen. Der Stein fiel in die Büsche am Fuß der Mauer. Und da erst vernahm ich den Ausruf des Steines, der in meiner Faust schon erklungen war, bevor ich die Handfläche aufgemacht hatte.

«Halt ein!» hatte der Stein geschrien. «Sieh mich erst an!»

Und in der Tat, ich erinnerte mich. Man hätte den Stein vorher untersuchen müssen. Denn er stellte doch zweifellos an sich etwas Merkwürdiges vor. Und nun war er in den Büschen, im Gestrüpp verschwunden. Und ich, der ich dies Ding in der Hand gehalten hatte, weiß nicht einmal mehr, von welcher Farbe es war. Der Stein war möglicherweise lila; möglich, daß er kein Monolith war, sondern aus verschiedenen Teilen bestand; möglich, daß eine Versteinerung in ihm eingeschlossen war – die Überreste eines Käfers oder ein Kirschkern; möglich, daß der Stein porös war; und schließlich konnte es auch sein, daß ich überhaupt keinen Stein, sondern einen patinierten Kern vom Erdboden aufgehoben hatte!

Unterwegs begegnete ich einer Exkursion.

An die zwanzig Personen schritten über das unbebaute Terrain, in dessen Erde der Kern ruhte. Abel führte sie. Ich trat zur Seite. Abel hatte mich nicht gesehen oder besser, nicht verstanden: er hatte mich zwar gesehen, aber mich nicht aufgefaßt; wie jeder Fanatiker hatte er mich einfach geschluckt, ohne meine Einwilligung oder meinen Widerstand abzuwarten.

Abel trennte sich von seiner Gemeinde, wandte sich mit dem Gesicht ihr zu (zu mir mit dem Rücken) und rief, mächtig mit dem Arm fuchtelnd:

– Вот здесь! Вот здесь! Вот здесь!

Пауза. Молчание.

– Товарищи из Курска! – кричит Авель. – Я надеюсь, что у вас есть воображение. Воображайте, не бойтесь!!!

О! Авель пытается вторгнуться в страну воображения. Уже не хочет ли он показать экскурсантам вишнёвое дерево, цветущее в честь неразделённой любви?

Авель ищет путей в невидимую страну. Он шагает. Он остановился, взмахнув ногой. Он взмахнул ещё раз. И ещё. Он хочет освободиться от какого-то мелко-кудрявого растения, которое, пока он шагал, обвилось вокруг его ступни.

Он топнул ногой, оно хрустнуло, покатились жёлтые шарики. (Сколько растений в этом рассказе, деревьев, кустов!)

– Вот здесь будет возвышаться гигант, о котором я говорил вам.

...Дорогая Наташа, я упустил из виду главное: план. Существует План. Я действовал, не спросившись Плана. Через пять лет на том месте, где нынче пустота, канава, бесполезные стены, будет воздвигнут бетонный гигант. Сестра моя – Воображение – опрометчивая особа. Весной начнут класть фундамент и куда денется глупая моя косточка! Да, там в невидимой стране, зацветёт некогда дерево, посвящённое вам...

Экскурсанты придут к бетонному гиганту. Они не увидят вашего дерева. Неужели нельзя сделать невидимую страну – видимой?..

«Hier an dieser Stelle! An dieser Stelle!»

Pause. Schweigen.

«Genossen aus Kursk!» ruft Abel. «Ich hoffe, Sie verfügen über einige Phantasie. Lassen Sie sie hier walten, keine Bange!»

O! Da bemüht sich Abel, in das Land der Einbildung einzubrechen. Will er am Ende den Exkursionsteilnehmern den Kirschbaum zeigen, der zum Ruhme unerwiderter Liebe blüht?

Abel sucht Wege ins unsichtbare Land.

Er schreitet weiter. Er bleibt stehen und hebt den Fuß. Er schwingt ihn noch einmal. Und noch einmal. Es ist, als wolle er sich von einem am Fußboden hinwuchernden Gewächs befreien, das, während er ausschritt, sich um seine Sohlen gewunden hat.

Er stampft mit dem Fuß, da knirscht es, und kleine gelbe Kügelchen rollen herum. (Wieviel Pflanzen gibt es in dieser Erzählung, wieviel Bäume und Büsche!)

«Und eben hier an dieser Stelle wird sich der Gigant erheben, von dem ich Ihnen sprach.»

.... Teuerste Natascha, das Wichtigste habe ich unterschlagen: die Planung. Es existiert eine Planung. Ich handelte, ohne mich mit der Planung zu beraten. Nach fünf Jahren wird sich auf der Stelle, die jetzt noch öde, nichts als ein Graben mit sinnlosen Mauern ist, ein Betongigant erheben. Meine Schwester – die Einbildung – ist eine unüberlegte Person. Im Frühling wird man beginnen, das Fundament zu legen – und was wird dann mit meinem dummen Kirschkern? Dort freilich, im unsichtbaren Land, dort wird einmal ein Baum erblühen, Ihnen geweiht...

Die Exkursionsteilnehmer werden zum Betongiganten kommen. Sie werden Ihren Baum nicht sehen. Sollte es wirklich unmöglich sein, das unsichtbare Land sichtbar zu machen?...

Письмо это – воображаемое. Я не писал его. Я мог бы написать его, если бы Авель не сказал того, что он сказал.

– Корпус этот будет расположен полукругом, – сказал Авель. – Вся внутренность полукруга будет заполнена садом. У вас есть воображение?

– Есть, – сказал я. – Я вижу, Авель. Я вижу ясно. Здесь будет сад. И на том месте, где стоите вы, будет расти вишнёвое дерево.

Константин Г. Паустовский – Заячьи лапы

К ветеринару в наше село пришёл с Урженского озера Ваня Малявин и принёс завёрнутого в рваную ватную куртку маленького тёплого зайца. Заяц плакал и часто моргал красными от слёз глазами.

– Ты что, одурел? – крикнул ветеринар. – скоро будешь ко мне мышей таскать, оголец!

– А вы не лайтесь, это заяц особенный, – хриплым шёпотом сказал Ваня. – Его дед прислал, велел лечить.

– От чего лечить-то?

– Лапы у него пожжённые.

Ветеринар повернул Ваню лицом к двери, толкнул в спину и прикрикнул вслед:

– Валяй, валяй! Не умею я их лечить. Зажарь его с луком – деду будет закуска.

Ваня ничего не ответил. Он вышел в сени, заморгал глазами, потянул носом и ут-

Dieser Brief besteht nur in meiner Einbildung. Ich habe ihn nicht geschrieben. Ich hätte ihn allerdings schreiben können, wenn Abel nicht das gesagt hätte, was er sagte.

«Der Gebäudekomplex wird als Halbkreis angelegt», sagte Abel. «Das gesamte Innere des Halbkreises wird von einem Garten ausgefüllt werden. Haben Sie genügend Phantasie?»

«Die habe ich», sagte ich. «Ich sehe es, Abel. Ich sehe es ganz klar. Hier wird ein Garten sein. Und dort, wo Sie stehen, dort wird ein Kirschbaum wachsen.»

Konstantin Paustowskij: Hasenpfoten

Wanja Maljawin kam vom Urschensker See zum Tierarzt in unserem Dorf und brachte ihm einen in eine zerrissene wattierte Jacke eingepackten kleinen warmen Hasen. Der Hase weinte und zwinkerte immerzu mit seinen tränengeröteten Augen.

«Was ist los? Du bist wohl verrückt?» rief der Veterinär. «Nächstens wirst du gar noch Mäuse zu mir schleppen, du Strolch!»

«Brauchen mich nicht anzuschnauzen, das ist ein ganz besonderer Hase», sagte Wanja heiser flüsternd. «Großvater schickt ihn her, er soll kuriert werden.»

«Wovon denn kuriert?»

«Die Pfoten sind ihm verbrannt.»

Der Veterinär drehte Wanja mit dem Gesicht zur Tür, stieß ihn in den Rücken und schrie ihm nach:

«Scher dich fort! Die kann ich nicht kurieren. Brat ihn mit Zwiebeln, dann hat dein Großvater einen Imbiß.»

Wanja erwiderte nichts. Er ging in den Flur hinaus, zwinkerte mit den Augen, schluchzte auf, preßte sich

кнулся в бревенчатую стену. По стене потекли слёзы. Заяц тихо дрожал под засаленной курткой.

– Ты чего, малый? – спросила Ваню жалостливая бабка Анисья; она привела к ветеринару свою единственную козу. – Чего вы, сердешные, вдвоём слёзы льёте? Ай случилось что?

– Пожженный он, дедушкин заяц, – сказал тихо Ваня. – На лесном пожаре лапы себе пожёг, бегать не может. Вот-вот, гляди, умрёт.

– Не умрёт, малый, – прошамкала Анисья. – Скажи дедушке своему, ежели большая у него охота зайца выходить, пущай несёт его в город к Карлу Петровичу.

Ваня вытер слёзы и пошёл лесами домой, на Урженское озеро. Он не шёл, а бежал босиком по горячей песчаной дороге. Недавний лесной пожар прошёл стороной на север около самого озера. Пахло гарью и сухой гвоздикой. Она большими островами росла на полянах.

Заяц стонал.

Ваня нашёл по дороге пушистые, покрытые серебряными мягкими волосами листья, вырвал их, положил под сосенку и развернул зайца. Заяц посмотрел на листья, уткнулся в них головой и затих.

– Ты чего, серый? – тихо спросил Ваня. – Ты бы поел.

Заяц молчал.

– Ты бы поел, – повторил Ваня, и голос его задрожал. – Может, пить хочешь?

Заяц повёл рваным ухом и закрыл глаза.

gegen die Holzwand, und seine Tränen liefen an ihr herunter. Unter der speckigen Jacke zitterte still der Hase.

«Was hast du, Kleiner?» fragte die mitleidige alte Anissja; die brachte gerade ihre einzige Ziege zum Veterinär.

«Warum vergießt ihr denn Tränen, ihr zwei Herzenskinder? Na, was ist denn passiert?»

«Er hat sich doch verbrannt, Großvaters Hase», sagte Wanja leise. «Hat sich beim Waldbrand die Pfoten verbrannt, kann nicht mehr laufen. Da schau nur, schau, er stirbt.»

«Wird schon nicht sterben, Kleiner», nuschelte Anissja. «Sag deinem Großväterchen, wenn ihm wirklich sehr daran liegt, den Hasen gesund zu kriegen, dann möge er ihn in die Stadt zu Karl Petrowitsch bringen.»

Wanja wischte die Tränen ab und ging auf Waldwegen nach Hause zum See von Urschensk. Er ging nicht, er rannte barfuß über den heißen sandigen Weg. Der Waldbrand von neulich war unmittelbar am See nach Norden abgewichen. Es roch nach Branddunst und nach dürren Pechnelken. Sie wuchsen wie große Inseln auf den Waldwiesen.

Der Hase stöhnte.

Wanja fand unterwegs weiche, silbrige, zart flaumige Blätter, riß sie ab, legte sie unter eine kleine Fichte und packte seinen Hasen aus. Der Hase bemerkte die Blätter, stieß die Schnauze hinein und gab Ruhe.

«Was ist, mein Grauchen?» fragte Wanja leise. «Du solltest etwas fressen.»

Der Hase schwieg.

«Du solltest fressen», wiederholte Wanja und seine Stimme zitterte dabei. «Oder willst du lieber trinken?»

Der Hase zuckte mit dem wunden Ohr und schloß die Augen.

Ваня взял его на руки и побежал напрямик через лес — надо было поскорее дать зайцу напиться из озера.

Неслыханная жара стояла в то лето над лесами. Утром наплывали вереницы плотных белых облаков. В полдень облака стремительно рвались вверх, к зениту, и на глазах уносились и исчезали где-то за границами неба. Жаркий ураган дул уже две недели без передышки. Смола, стекавшая по сосновым стволам, превратилась в янтарный камень.

Наутро дед надел чистые онучи и новые лапти, взял посох и кусок хлеба и побрёл в город. Ваня нёс зайца сзади. Заяц совсем притих, только изредка вдрагивал всем телом и судорожно вздыхал.

Суховей вздул над городом облако пыли, мягкой, как мука. В ней летал куриный пух, сухие листья и солома. Издали казалось, что над городом дымит тихий пожар.

На базарной площади было очень пусто, знойно; извозчичьи лошади дремали около водоразборной будки, и на головах у них были надеты соломенные шляпы. Дед перекрестился.

— Не то лошадь, не то невеста — шут их разберёт! — сказал он и сплюнул.

Долго спрашивали прохожих про Карла Петровича, но никто толком ничего не ответил. Зашли в аптеку. Толстый старый человек в пенсне и в коротком белом халате сердито пожал плечами и сказал:

— Это мне нравится! Довольно странный вопрос! Карл Петрович Корш — специалист

Wanja nahm ihn auf den Arm und lief quer durch den Wald, damit der Hase sich möglichst bald am See satt trinken könnte.

In jenem Sommer brütete eine ungewöhnliche Hitze über den Wäldern. Jeden Morgen segelte eine Menge dicker weißer Wolken heran. Gegen Mittag aber stiegen die Wolken schnell zum Zenith auf, glitten mit einem Mal auseinander und verschwanden irgendwo jenseits des Himmelsgewölbes. Heißer Wind blies seit zwei Wochen pausenlos. Das Harz, das die Fichtenstämme herablief, verwandelte sich zu Bernstein.

In der Frühe wickelte Großvater reine Fußlappen um, zog neue Bastschuhe an, nahm seinen Stock und ein Stück Brot mit und wanderte zur Stadt. Wanja trug den Hasen hinter ihm her. Der Hase war ganz still geworden, nur ab und zu ging ein Zucken durch seinen ganzen Körper, und er stöhnte krampfhaft.

Der trockene Wind hatte über der Stadt eine Staubwolke, weich wie Mehl, hochgeweht. Darin wirbelten Hühnerflaum, dürre Blätter und Stroh. Von fern machte es den Eindruck, als glose über der Stadt eine unhörbare Feuersbrunst.

Der Marktplatz war leer, die Hitze brütete; die Droschkengäule standen schläfrig neben der Wasserversorgungsbude, auf ihren Köpfen lagen Strohhüte. Großvater bekreuzigte sich.

«Nicht Pferd, nicht Braut – der Kuckuck mag sie unterscheiden!» sagte er und spuckte aus.

Lange erkundigten sie sich bei Vorübergehenden nach Karl Petrowitsch, aber niemand wußte richtig Bescheid. So gingen sie in die Apotheke. Ein dicker alter Mann mit einem Zwicker und in einem kurzen weißen Kittel zuckte verdrießlich die Achseln und sagte:

«Das gefällt mir. Eine reichlich komische Frage! Karl Petrowitsch Korsch ist Spezialist für Kinderkrankhei-

по детским болезням — уже три года как перестал принимать пациентов. Зачем он вам?

Дед, заикаясь от уважения к аптекарю и от робости, рассказал про зайца.

— Это мне нравится! — сказал аптекарь. — Интересные пациенты завелись в нашем городе. Это мне замечательно нравится!

Он нервно снял пенсне, протёр, снова нацепил на нос и уставился на деда. Дед молчал и топтался. Аптекарь тоже молчал. Молчание становилось тягостным.

— Почтовая улица, три! — вдруг в сердцах крикнул аптекарь и захлопнул какую-то растрёпанную толстую книгу. — Три!

Дед с Ваней добрели до Почтовой улицы как раз вовремя — из-за Оки заходила высокая гроза. Ленивый гром потягивался за горизонтом, как заспанный силач распрямлял плечи, и нехотя потряхивал землю. Серая рябь пошла по реке. Бесшумные молнии исподтишка, но стремительно и сильно били в луга; далеко за Полянами уже горел стог сена, зажжённый ими. Крупные капли дождя падали на пыльную дорогу, и вскоре она стала похожа на лунную поверхность: каждая капля оставляла в пыли маленький кратер.

Карл Петрович играл на рояле нечто печальное и мелодичное, когда в окне появилась растрёпанная борода деда.

Через минуту Карл Петрович уже сердился.

— Я не ветеринар, — сказал он и захлопнул крышку рояля. Тотчас же в лугах про-

ten, aber schon seit drei Jahren hat er aufgehört Patienten anzunehmen. Wozu braucht ihr ihn?»

Stotternd vor Respekt vor dem Apotheker und auch aus Schüchternheit erzählte ihm Großvater vom Hasen.

«Das gefällt mir!» sagte der Apotheker. «Was es doch in unserer Stadt neuerdings für interessante Patienten gibt. Das gefällt mir ganz ausnehmend!»

Nervös nahm er den Zwicker ab, putzte ihn, stülpte ihn wieder auf die Nase und starrte Großvater an. Großvater schwieg und trat von einem Fuß auf den anderen. Der Apotheker schwieg gleichfalls. Das Schweigen wurde nach und nach drückend.

«Poststraße drei!» rief der Apotheker plötzlich zornig und klappte dabei ein abgenütztes dickes Buch zu. «Nummer drei!»

Großvater und Wanja konnten gerade noch rechtzeitig zur Poststraße finden; denn hinter der Oka zog ein Gewitter herauf. Faul räkelte sich Donner hinter dem Horizont, er reckte wie ein verschlafener Kraftmeier seine Schultern und rüttelte, ohne es recht zu wollen, an der Erde.

Graues Kräuseln lief den Fluß entlang. Geräuschlos aber heftig schlugen Blitze schnell und stark in die Wiesen; weit hinter Poljany brannte ein Heuschober, den sie angezündet hatten. Große Regentropfen fielen auf die staubige Straße, und die sah bald der Mondfläche ähnlich: jeder Tropfen hinterließ in ihrem Staub einen kleinen Krater.

Karl Petrowitsch spielte auf dem Klavier eine traurige Melodie, als der zerzauste Bart des Großvaters durchs Fenster sichtbar wurde.

Eine Minute darauf ärgerte sich Karl Petrowitsch bereits.

«Ich bin kein Tierarzt», sagte er und schlug den Deckel des Klaviers zu. Und schon murrte über den Wie-

ворчал гром. — Я всю жизнь лечил детей, а не зайцев.

— Что ребёнок, что заяц — всё одно, — упрямо пробормотал дед. — Всё одно! Полечи, яви милость! Ветеринару нашему такие дела неподсудны. Он у нас коновал. Этот заяц, можно сказать, спаситель мой: я ему жизнью обязан, благодарность оказывать должен, а ты говоришь — бросить!

Ещё через минуту Карл Петрович — старик со взъерошенными бровями, — волнуясь, слушал спотыкающийся рассказ деда.

Карл Петрович в конце концов согласился лечить зайца. На следующее утро дед ушёл на озеро, а Ваню оставил у Карла Петровича ходить за зайцем.

Через день вся Почтовая улица, заросшая гусиной травой, уже знала, что Карл Петрович лечит зайца, обгоревшего на страшном лесном пожаре и спасшего какого-то старика. Через два дня об этом уже знал весь маленький город, а на третий день к Карлу Петровичу пришёл длинный юноша в фетровой шляпе, назвался сотрудником московской газеты и попросил дать беседу о зайце.

Зайца вылечили. Ваня завернул его в ватное тряпьё и понёс домой. Вскоре историю о зайце забыли, и только какой-то московский профессор долго добивался от деда, чтобы тот ему продал зайца. Посылал даже письма с марками на ответ. Но дед не сдавался. Под его диктовку Ваня написал профессору письмо:

sen der Donner. «Ich habe mein Leben lang Kinder behandelt und nicht Hasen.»

«Kind wie Hase, alles ist eins», brummte Großvater hartnäckig. «Alles eins! Mach ihn gesund, erweis uns die Gnade! Unser Tierarzt, der hält sich für sowas nicht zuständig. Er ist eigentlich ein Kurpfuscher. Denn dieser Hase, kann man wohl sagen, der ist mein Lebensretter: ihm verdanke ich mein Leben, so muß ich ihm auch meine Dankbarkeit erweisen – und du sagst, ich soll ihn verrecken lassen!»

Und nach einer weiteren Minute hörte sich Karl Petrowitsch – ein alter Mann mit struppigen Augenbrauen – geradezu erregt die hergestotterte Erzählung des Großvaters an.

Schließlich willigte Karl Petrowitsch ein, den Hasen zu kurieren. Am folgenden Morgen ging der Großvater zum See zurück, Wanja aber ließ er bei Karl Petrowitsch den Hasen pflegen.

Noch war kein Tag vergangen, da wußte schon die ganze mit Gänsekraut überwucherte Poststraße, daß Karl Petrowitsch einen Hasen behandle, der sich bei dem schrecklichen Waldbrand verbrannt und der einen alten Mann gerettet habe. Zwei Tage darauf wußte bereits die ganze kleine Stadt davon, am dritten Tag aber kam ein langer Jüngling mit einem Filzhut zu Karl Petrowitsch, stellte sich als Mitarbeiter einer Moskauer Zeitung vor und bat um ein Interview über den Hasen.

Der Hase wurde auskuriert. Wanja wickelte ihn wieder in die wattierten Lumpen und trug ihn nach Hause. Und bald danach war die ganze Hasengeschichte vergessen; nur ein Moskauer Professor bedrängte lange den Großvater, daß dieser ihm den Hasen verkaufe. Er schickte sogar Briefe mit Rückporto. Aber Großvater ließ sich nicht kleinkriegen. Wanja schrieb nach seinem Diktat einen Brief an den Professor:

«Заяц не продажный, живая душа, пусть живёт на воле. При сём остаюсь Ларион Малявин».

Этой осенью я ночевал у деда Лариона на Урженском озере. Созвездия, холодные, как крупинки льда, плавали в воде. Шумел сухой тростник. Утки зябли в зарослях и жалобно крякали всю ночь.

Деду не спалось. Он сидел у печки и чинил рваную рыболовную сеть. Потом поставил самовар — от него окна в избе сразу запотели и звёзды из огневых точек превратились в мутные шары. Во дворе лаял Мурзик. Он прыгал в темноту, ляскал зубами и отскакивал — воевал с непроглядной октябрьской ночью. Заяц спал в сенях и изредка во сне громко стучал задней лапой по гнилой половице.

Мы пили чай ночью, дожидаясь далёкого и нерешительного рассвета, и за чаем дед рассказал мне, наконец, историю о зайце.

В августе дед пошёл охотиться на северный берег озера. Леса стояли сухие, как порох. Деду попался зайчонок с рваным левым ухом. Дед выстрелил в него из старого, связанного проволокой ружья, но промахнулся. Заяц удрал.

Дед пошёл дальше. Но вдруг затревожился: с юга, со стороны Лопухов, сильно тянуло гарью. Поднялся ветер. Дым густел, его уже несло белой пеленой по лесу, затягивало кусты. Стало трудно дышать.

Дед понял, что начался лесной пожар и

«Hase unverkäuflich, ist doch eine lebende Seele, mag er in Freiheit leben. Und hiermit verbleibe ich Larion Maljawin.»

In diesem Herbst blieb ich einmal bei Großvater Larion am See von Urschensk über Nacht. Sternbilder, kalt wie Hagelkörner, schwammen im Wasser. Dürres Schilf rauschte. Die Enten froren im Gestrüpp und schnatterten jämmerlich die ganze Nacht über.

Großvater konnte nicht schlafen. Er saß am Ofen und flickte ein zerrissenes Fischernetz. Danach blies er den Samowar an, was zur Folge hatte, daß die Hüttenfenster sogleich zu schwitzen begannen und die Sterne sich aus funkelnden Punkten in verschwommene kleine Kugeln verwandelten. Draußen bellte Mursik. Er sprang das Dunkel an, fletschte die Zähne und sprang wieder zurück – er führte mit der undurchsichtigen Oktobernacht Krieg. Der Hase schlief im Hausflur und trommelte zuweilen im Schlaf mit einer Hinterpfote an ein morsches Dielenbrett.

Wir tranken Tee und harrten auf die ferne unentschlossene Morgendämmerung, und so beim Tee erzählte mir der Großvater schließlich die Geschichte von dem Hasen.

Im August war Großvater ans Norduferdes Sees jagen gegangen. Die Wälder ringsum waren trocken wie Pulver. Da stieß Großvater auf einen kleinen Hasen mit zerbissenem linken Ohr. Großvater schoß nach ihm aus einem alten mit Draht zusammengebundenen Gewehr, verfehlte ihn aber. Der Hase riß aus.

Großvater ging weiter. Plötzlich wurde er unruhig: von Süden her, von dort, wo Lupuchow lag, zog starker Qualm. Wind kam auf. Der Rauch wurde dichter, er zog in weißen Schwaden durch den Wald und hängte sich in den Büschen ein. Es wurde schwer zu atmen.

Großvater begriff, daß ein Waldbrand entstanden

огонь идёт прямо на него. Ветер перешёл в ураган. Огонь гнало по земле с неслыханной скоростью.

По словам деда, даже поезд не мог бы уйти от такого огня. Дед был прав: во время урагана огонь шёл со скоростью тридцати километров в час.

Дед побежал по кочкам, спотыкался, падал, дым выедал ему глаза, а сзади был уже слышен широкий гул и треск пламени.

Смерть настигала деда, хватала его за плечи, и в это время из-под ног у деда выскочил заяц. Он бежал медленно и волочил задние лапы. Потом только дед заметил, что они у зайца обгорели.

Дед обрадовался зайцу, будто родному. Как старый лесной житель, дед знал, что звери гораздо лучше человека чуют, откуда идёт огонь, и всегда спасаются. Гибнут они только в тех редких случаях, когда огонь их окружает.

Дед побежал за зайцем. Он бежал, плакал от страха и кричал: «Погоди, милый, не беги так-то шибко!»

Заяц вывел деда из огня. Когда они выбежали из леса к озеру, заяц и дед — оба упали от усталости. Дед подобрал зайца и понёс домой. У зайца были опалены задние ноги и живот. Потом дед его вылечил и оставил у себя.

— Да, — сказал дед, поглядывая на самовар так сердито, будто самовар был всему виной, — да, а перед тем зайцем, выходит, я сильно провинился, милый человек.

war und das Feuer sich direkt auf ihn zu bewegte. Der Wind wurde zum Orkan. Das Feuer fegte mit unerhörter Geschwindigkeit über den Erdboden. Wie Großvater sagte, hätte sogar ein Eisenbahnzug einem solchen Feuer nicht entgehen können. Er hatte recht: während des Orkans breitete sich das Feuer mit einer Geschwindigkeit von dreißig Stundenkilometern aus.

Großvater lief über die Grasbuckel, stolperte zuweilen, fiel hin, der Rauch ätzte die Augen, und schon vernahm er hinter sich das Tosen und Knistern der Flammen.

Der Tod war über Großvater, schon packte er ihn an den Schultern, da sprang plötzlich unter Großvaters Füßen ein Hase auf. Langsam humpelte er weiter und zog die Hinterpfoten nach. Später erst hatte Großvater erkannt, daß der Hase sich die Pfoten verbrannt hatte.

Großvater freute sich über den Hasen, wie über einen Angehörigen. Als alter Waldbewohner wußte Großvater, daß Tiere viel besser als der Mensch spüren können, woher das Feuer kommt und daß sie sich stets zu retten wissen. Sie kommen nur in den seltenen Fällen um, wenn das Feuer sie einkreist.

Großvater lief hinter dem Hasen her. Er lief und er weinte vor Angst und schrie laut: «So wart doch, du Lieber, lauf nicht so geschwind!»

Der Hase führte Großvater aus dem Feuer. Als sie aus dem Wald zum See heraus gekommen waren, fielen Hase und Großvater beide erschöpft um. Großvater hob den Hasen auf und trug ihn heim. Dem Hasen waren die Hinterpfoten und der Bauch verbrannt. Dann ließ Großvater ihn gesund machen und behielt ihn bei sich.

«Ja», sagte der Großvater und sah dabei den Samowar so zornig an, als sei dieser an allem schuld, «jawohl, aber dem Hasen gegenüber, das ist wohl klar, trage ich eine große Schuld, mein lieber Mann.»

— Чем же ты провинился?

— А ты выдь, погляди на зайца, на спасителя моего, тогда узнаешь. Бери фонарь!

Я взял со стола фонарь и вышел в сенцы. Заяц спал. Я нагнулся над ним с фонарём и заметил, что левое ухо у зайца рваное. Тогда я понял всё.

Валентин П. Катаев – Ножи

Воскресная прогулка по бульвару – замечательный способ в полной мере определить человека.

Пашка Кукушкин начал воскресную прогулку по Чистым прудам в шесть часов вечера. Прежде всего он зашел в открытый павильон Моссельпрома и выпил бутылку пива. Это сразу определило его правильный подход к жизни и умеренность.

Затем он купил у бабы два стакана каленых подсолнухов и пошел, не торопясь, по главной аллее. По дороге пристала цыганка.

— Красивый, молодой, дай по руке погадаю, скажу тебе всю правду, за кем страдаешь, скажу и что у тебя на сердце, скажу, все тебе скажу, ничего не утаю, и десять копеек за все удовольствие старой цыганке подаришь. Погадаю, хорошо будет, не погадаю, жалеть будешь.

Пашка подумал и сказал:

«Womit hast du dich denn schuldig gemacht?»

«Na, dann geh mal und schau dir den Hasen an, meinen Retter, wirst es schon merken. Nimm die Laterne!»

Ich nahm die Laterne vom Tisch und begab mich in den Vorraum. Der Hase schlief. Ich bückte mich mit der Laterne über ihn und da sah ich, daß das linke Ohr des Hasen zerbissen war. Und sogleich begriff ich alles.

Valentin Katajew: Die Messer

Ein Sonntagsspaziergang in den Anlagen ist ein ausgezeichnetes Mittel, sich über einen Menschen in vollem Maße ein Urteil zu bilden.

Páschka Kokúschkin begann seinen Sonntagsspaziergang an den «Reinen Teichen» um sechs Uhr abends. Zuerst trat er in den offenen Pavillon «Mosselprom» und trank eine Flasche Bier. Das kennzeichnete sofort seine richtige Einstellung zum Leben und seine Mäßigkeit.

Dann kaufte er sich bei einer Frau zwei Meßbecher geröstete Sonnenblumenkerne und ging, ohne sich zu beeilen, die Hauptallee entlang. Unterwegs sprach ihn eine Zigeunerin an.

«Schöner, Junger, laß dir von mir aus der Hand wahrsagen, werde dir die ganze Wahrheit sagen; nach wem du dich sehnst, sag ich dir, und was du auf dem Herzen hast, sag ich dir, alles sag ich dir, werd nichts verheimlichen, und für das Vergnügen wirst du der alten Zigeunerin zehn Kopeken schenken. Wenn ich dir wahrsag, wird alles gut, wenn ich nicht wahrsag, wirst du's bereuen.»

Paschka dachte nach und sagte:

— Гаданье по руке, тетка, это — предрассудок и ерунда, однако получай гривенник и можешь гадать — все равно набрешешь.

Цыганка спрятала гривенник в пеструю юбку и показала черные зубы.

— Будет тебе, молодой человек, приятная встреча, будет тебе через эту встречу тоска на сердце, поперек дороги тебе стоит пожилой мужчина, ничего не бойся, бойся, молодец, ножа, будет тебе от ножа большая неприятность, не бойся друзей, бойся врагов, и зеленый попугай тебе в жизни счастье принесет. Гуляй себе на здоровье.

Цыганка выпятила тощий живот и важно поплыла прочь, шаркая по земле коричневыми пятками.

«Интересно, сука, брешет», — подумал Пашка и отправился дальше.

По дороге он изведал по очереди все наслаждения, какие предлагала ему жизнь: сначала взвесился на шатких весах — вышло четыре пуда пятнадцать фунтов; через некоторое время, присев от натуги на корточки, попробовал силу и дожал дрожащую стрелку силомера до «сильного мужчины»; погуляв еще немного, испытал нервы электричеством — взялся руками за медные палочки, по суставам брызнули и застреляли мурашки, суставы как бы наполнились сельтерской водой, ладони прилипли к меди, — однако нервы оказались крепкими.

Наконец, он сел на стул перед висящей на дереве декорацией, с видом московского Кремля у Каменного моста, положил ногу на ногу, сделал зверское лицо и снялся в

«Wahrsagen aus der Hand, Tantchen, ist Aberglaube, Unsinn – trotzdem, da hast du deinen Groschen, magst wahrsagen, wirst ja doch nur Ungereimtes schwätzen.»

Die Zigeunerin steckte den Groschen in den bunten Rock und zeigte ihre schwarzen Zähne.

«Es steht dir, junger Mann, eine angenehme Begegnung bevor, durch diese Begegnung wird dein Herz Kummer haben, ein älterer Mann steht dir im Wege, fürchte nichts, fürchte, braver Junge, das Messer, wirst durch das Messer große Unannehmlichkeit haben. Fürchte nicht die Freunde – fürchte die Feinde, und der grüne Papagei wird dir im Leben Glück bringen. Geh nur in Gesundheit deiner Wege!»

Die Zigeunerin drückte ihren mageren Bauch vor und schwamm würdevoll davon, mit den braunen Hacken die Erde scharrend.

«Schwatzt interessant, das Luder», dachte Paschka und setzte seinen Weg fort.

Unterwegs kostete er der Reihe nach alle Genüsse, die das Leben ihm bot: zuerst wog er sich auf einer wackeligen Waage, sie zeigte einhundertfünfundsiebzig Pfund; nach einiger Zeit versuchte er seine Kraft und drückte, indem er sich vor Anstrengung auf die Hacken hockte, den zitternden Zeiger des Kraftmessers bis zum «starken Mann»; und nachdem er noch ein wenig herumspaziert war, prüfte er seine Nerven mit Elektrizität: er faßte mit den Händen Kupferstäbchen an, in den Gelenken sprühte und kribbelte es wie von Ameisen, die Gelenke waren wie mit Sodawasser gefüllt, die Handflächen klebten am Kupfer – aber die Nerven erwiesen sich als stark.

Endlich setzte er sich auf einen Stuhl vor einer am Baum hängenden Dekoration, der Ansicht des Moskauer Kreml von der Steinernen Brücke aus, schlug ein Bein über das andere, machte ein verwegenes Gesicht und ließ

таком виде. Получив через десять минут мокрую карточку, Пашка долго, с солидным удовольствием разглядывал себя — клетчатая кепка, хорошо знакомый нос, клеш, рубашка «апаш» с воротником навыпуск, пиджак — все честь честью, очень понравилось, даже как-то не совсем верилось, что это он сам и так прекрасен.

— Ничего себе, — сказал он, аккуратно свертывая липкий снимок в трубочку, и подошел к лодочным мосткам.

Для того чтобы окончательно исчерпать весь запас воскресных удовольствий, ему осталось найти подходящих девчонок и покататься с ними в лодке. Однако случилось как-то так, что на лодочке он кататься не стал, а пошел дальше и шел до тех пор, пока не дошел до неизвестного ему балаганчика. В широко открытых дверях толпился народ. Слышалось металлическое звяканье и хохот.

— Чего такое? — спросил Пашка у малорослого красноармейца, трущегося у входа.

— Кольца кидают, потеха. Который накинет — самовар может выиграть.

Пашка с любопытством заглянул через головы в балаган, ярко освещенный внутри лампами. Вся задняя его стена была затянута кумачом. На полках, устроенных в три ряда, торчали воткнутые ножи. Между ножами были разложены заманчивые призы. На нижней полке — коробки конфет и печений, на средней — будильники, кастрюли, кепки, а на верхней, под самым потолком, в полутьме — совершенно уже

sich so photographieren. Nach zehn Minuten bekam Paschka das noch nasse Bild und betrachtete sich lange mit großem Vergnügen; die karierte Mütze, die wohlbekannte Nase, die weitgeschwungene Hose, das Apachenhemd mit offenem Kragen, der Rock, alles tadellos, gefiel ihm gut; es war sogar schwer zu glauben, daß er das selber war, und noch dazu so wunderbar gut aussehend.

«Nicht übel», sagte er, rollte das klebrige Bildchen ordentlich zu einem Röllchen zusammen und ging zu den Bootsstegen.

Um den ganzen Vorrat sonntäglicher Vergnügungen vollkommen auszuschöpfen, mußte er nur noch die passenden Mädchen finden und mit ihnen eine Kahnfahrt unternehmen.

Indessen fügte es sich, daß er kein Boot nahm, sondern so lange weiterging, bis er zu einer Bude kam, die ihm noch unbekannt war. In der weit geöffneten Tür staute sich die Menge. Es war metallisches Klirren und lautes Gelächter zu hören.

«Was gibt's hier», fragte Paschka einen kleingewachsenen Rotarmisten, der sich am Eingang herumdrückte.

«Man wirft Ringe, ein Spaß. Wer trifft, kann einen Samowar gewinnen.»

Paschka blickte neugierig über die Köpfe hinweg in die von Lampen hell erleuchtete Bude. Die ganze Rückwand war mit rotem Fahnentuch bezogen. Auf Regalen, die in drei Reihen angeordnet waren, staken Messer. Zwischen den Messern waren verlockende Gewinne ausgelegt.

Auf dem untersten Regal: Schachteln mit Konfekt und Keks; auf dem mittleren: Wecker, Kasserollen, Mützen; und auf dem obersten, fast unter der Decke, im Halbdunkel, besonders verführerische Dinge: zwei Ba-

соблазнительные вещи: две балалайки, тульский самовар, хромовые вытяжные сапоги, толстовка, итальянская гармонь, стенные часы с кукушкой и граммофон. На который нож кольцо накинешь – ту вещь и получаешь. А накинуть почти невозможно – ножи очень шаткие. Кольца отскакивают. Интересно.

Работая локтями, Пашка протерся в балаган. За прилавком старичок в серебряных очках продавал кольца – четвертак сорок штук. Красный парень со взмокшим чубом, дико улыбаясь, дошвыривал последний пяток колец. Пиджак его развевался. Железные кольца вылетали из грубых его пальцев и, стукаясь об ножи, со звоном валились в подвешенный снизу мешок. Зеваки хохотали. Парень багровел. Задетые кольцами ножи упруго гудели и, туманно дрожа, расширялись воронкой.

– Тьфу, будь они трижды прокляты, те ножи и те кольца! – воскликнул наконец парень. – Полтора рубля просадил зря, хоть бы печенье Бабаева взял, – и сконфуженно выбрался из толпы.

– Тут в прошлое воскресенье один сапоги выиграл, – сказал мальчик в заплатанных штанах, – на десять рублей кидал.

– А ну-ка разрешите, – произнес Пашка, вплотную придвигаясь к стойке, – интересно, как это будет.

Старичок подал ему кольца.

– Значит, – спросил Пашка обстоятельно, – если на нижний нож накину, то конфеты Бабаева можно получить?

lalaikas, ein Samowar aus Tula, chromlederne Zugstiefel, eine Tolstoibluse, eine italienische Ziehharmonika, eine Kuckuckswanduhr und ein Grammophon. Wem es gelang, den Ring auf ein Messer zu werfen, der bekam den betreffenden Gegenstand. Aber den Ring auf ein Messer zu werfen, war fast unmöglich: die Messer sind sehr biegsam, die Ringe springen ab. Sehr interessant.

Paschka arbeitete mit den Ellenbogen und zwängte sich in die Bude. Hinter der Theke verkaufte ein altes Männchen mit silberner Brille die Ringe, vierzig Stück für fünfundzwanzig Kopeken. Ein erhitzter Bursche mit feuchter Haartolle schleuderte, wild lächelnd, die letzten fünf Ringe. Sein Rock flatterte, die eisernen Ringe flogen aus seinen groben Fingern, schlugen an die Messer an und fielen klirrend in den darunter aufgehängten Sack. Die Gaffer lachten. Das Gesicht des jungen Burschen lief rot an. Die Messer, von den Ringen berührt, summten und schwangen elastisch trichterförmig aus.

«Pfui, dreimal verflucht seien sie, diese Messer und diese Ringe», rief schließlich der Bursche. «Anderthalb Rubel umsonst verpulvert. Hätt ich wenigstens Babajew-Kekse gewonnen!» Und verlegen verschwand er aus der Menge.

«Vorigen Sonntag hat hier einer ein Paar Stiefel gewonnen», sagte ein Junge in geflickten Hosen; «zehn Rubel kosteten seine Würfe.»

«Ach erlauben Sie doch mal», sagte Paschka und schob sich dicht an die Theke heran, «interessant, wie das geht.»

Der Alte reichte ihm die Ringe.

«Also», fragte Paschka umständlich, «wenn man ein unteres Messer trifft, kann man Babajew-Konfekt gewinnen?»

— Можно, — сказал старичок равнодушно.

— А повыше, то и будильник?

Старичок кивнул головой.

— Интересно. Хо-хо. А если самовар, то надо небось под самый потолок целить?

— Да ты печенье-то возьми сначала, трепаться потом будешь, — сказали ему из толпы нетерпеливо. — Валяй! Не задерживай!

Пашка положил на прилавок снимок, раздвинул напиравшую публику локтями, облокотился, нацелился, но тут вдруг рука его дрогнула, кольцо вырвалось из пальцев, боком упало на пол и покатилось. Пашка похолодел. Возле полок, сбоку, сидела на стуле, аккуратно сложив на коленях ручки, нарядная девушка такой красоты, что у Пашки помутилось в глазах. Девушка быстро встала со стула, поймала кольцо, подала его, не глядя, и улыбнулась вдруг легонько в сторону самым краешком ротика — и тут Пашка погиб.

— Ну-ка! Что же ты, парень? Валяй сымай самовар! Крой! — кричали за спиной любопытные.

Пашка очнулся и принялся швырять кольца одно за другим, ничего вокруг не видя, кроме опущенных ресниц девушки и ротика, лопнувшего поперек, как черешня. Когда он расшвырял все сорок колец, она собрала их и молча положила на прилавок, однако на этот раз не улыбнулась, а только приподняла на Пашку серые глаза и поправила русую прядку, выбившуюся возле уха. Пашка выложил другой четвертак. Кольца неуклюже летели одно за дру-

«Das kann man», sagte gleichmütig der Alte.

«Und etwas weiter oben einen Wecker?»

Der Alte nickte mit dem Kopf.

«Interessant. Ho-ho! Und will man den Samowar, muß man geradezu unter die Decke zielen?»

«Gewinn du zuerst das Gebäck, quatschen kannst du nachher», rief man ihm ungeduldig aus der Menge zu. «Los! Mach weiter!»

Paschka legte die Photographie auf die Theke, schob das drängelnde Publikum mit den Ellenbogen von sich weg, stützte sich auf, zielte, aber da bebte plötzlich seine Hand, der Ring sprang ihm aus den Fingern, fiel seitlich herab und rollte davon. Paschka erstarrte. An der Seite neben den Regalen saß auf einem Stuhl, die Händchen ordentlich auf den Knien gefaltet, ein junges aufgeputztes Mädchen von solcher Schönheit, daß es Paschka dunkel vor den Augen wurde. Das Mädchen erhob sich schnell vom Stuhl, fing den Ring auf, reichte ihn Paschka ohne aufzublicken und lächelte plötzlich leicht und verstohlen, nur mit den Mundwinkeln – und da war Paschka verloren.

«Nun, was ist mit dir, Bursche, hol dir doch den Samowar, los», schrien die Neugierigen hinter seinem Rücken.

Paschka erwachte und fing an, die Ringe einen nach dem anderen zu schleudern, ohne auch nur etwas um sich herum zu sehen, außer den gesenkten Wimpern des Mädchens und ihrem kleinen Mund, der wie eine Kirsche in der Mitte einen Spalt hatte. Als er alle vierzig Ringe verschleudert hatte, sammelte sie sie und legte sie schweigend auf die Theke. Aber diesmal lächelte sie nicht, sie hob nur die grauen Augen zu Paschka auf und ordnete eine aschblonde Locke, die hinterm Ohr hervorkam. Paschka gab nochmals fünfundzwanzig Kopeken aus. Ungeschickt flogen die Ringe einer um den anderen.

гим. Зеваки хохотали, напирали в спину. Ножи гудели, как пчелы. Старичок равнодушно чесал скрюченным пальцем нос.

Просадив целковый и не накинув ни одного кольца, Пашка потерянно выбился из толпы на бульвар и пошел под липами, вдоль розовой от заката воды. Над прудом стоял еле заметный туман. Свежий холодок шел по рукам. Кинематограф «Колизей» столбами огней отражался в нежной воде. Не одна пара стриженых девчонок с зелеными и синими гребешками в волосах, обнявшись, пробегала мимо Пашки, оборачивалась на него с хохотом и притворно толкаясь, – больно, мол, хорош мальчик! – однако Пашка шел, не обращая на них внимания, и задумчиво пел:

Цыганка гадала, цыганка гадала,
Цы-ы-ган-ка га-да-ла, за ручку бра-ла...

За ночь он влюбился окончательно и бесповоротно.

Целый месяц каждое воскресенье ходил Пашка в балаган кидать кольца. Половину получки извел таким образом на ветер. В отпуск не поехал, пропустил черед, стал совсем чумной. Девушка по-прежнему, опустив глаза, подавала ему кольца. Улыбалась иногда, про себя будто. А иногда, увидав Пашку врасплох в толпе, вдруг вся шла румянцем, таким темным, что казалось, плечи и те сквозь тонкий маркизет начинали просвечивать смуглыми персиками. Как ни старался Пашка, все никак не мог улучить миночки поговорить с де-

Die Gaffer lachten, drängten sich hinter seinem Rücken. Die Messer summten wie Bienen. Der Alte kratzte sich gleichgültig mit gekrümmtem Finger an der Nase.

Nachdem er einen Rubel verspielt und mit keinem einzigen Ring getroffen hatte, drückte sich Paschka verlegen aus der Menge in die Anlagen und ging unter den Linden an dem vom Sonnenuntergang rosig gefärbten Wasser entlang. Über dem Teich lag ein kaum wahrnehmbarer Nebel. Frische Kühle war an den Händen zu spüren. Im zart gefärbten Wasser spiegelten sich wie Flammensäulen die Lichter des Kinos «Kolosseum». Mehrere Paare junger Mädchen, mit grünen und blauen Kämmen in den kurz geschnittenen Haaren, liefen umschlungen an Paschka vorbei, stießen sich an und drehten sich kichernd nach ihm um – ist ja hübsch, der Junge. Aber Paschka ging weiter, ohne auf sie zu achten, und summte verträumt:

«Zigeunerin hat wahrgesagt, wahrgesagt,
Zigeunerin hat wahrgesagt, Händchen angefaßt...»

Während der Nacht verliebte er sich endgültig und unwiderruflich.

Einen ganzen Monat lang ging Paschka jeden Sonntag in die Bude, um Ringe zu werfen. Die Hälfte seines Lohnes warf er so in den Wind. Auf Urlaub fuhr er nicht, er vergaß, daß er an der Reihe war, kam ganz herunter. Wie vorher reichte ihm das Mädchen gesenkten Blickes die Ringe.

Nur manchmal lächelte sie so vor sich hin. Und manchmal, wenn sie Paschka plötzlich in der Menge erblickte, überflog eine tiefe Röte sie so heftig, daß sogar ihre Schultern durch den dünnen Batist wie dunkle Pfirsiche zu leuchten schienen. Wie sehr sich Paschka auch bemühte, es gelang ihm nicht, mit dem Mädchen einen Augenblick allein zu sprechen; entweder störten

вушкой по душам; то народ мешает, то старик вредными глазами посматривает через очки, нос скрюченным пальцем чешет, словно грозит Пашке – не подходи, мол, не про тебя девка, проваливай. Один раз все-таки Пашке удалось кое-как поговорить. Народа было мало, а старичок как раз побежал с хворостиной за балаган гонять беспризорных.

– Наше вам, – сказал Пашка, и в сердце у него захолонуло. – Как вас звать?

– Людмилой, – быстро и жарко шепнула девушка. – Я вас хорошо знаю, вы тут свою фотографию на стойке как-то позабыли, и я спрятала, прямо влюбилась – до того хороша.

Девушка сунула пальцы за воротник и показала у ключицы углышек смятой карточки. Повела глазами и зарделась пунцовым цветом.

– А как вас звать?

– Пашкой. Не хотите ли сходить в театр «Колизей» – интересная программа демонстрируется: «Женщина с миллиардами», первая серия.

– Нельзя, папаша следит.

– А вы помимо.

– Боже сохрани. Уйдешь, домой обратно не пустят. А мамаша – того хуже, – мамаша на Сухаревом рынке на свое имя ларек держит. Страсть до чего строгие родители, до смешного ужасно. Мы на Сретенке живем, в Просвирином переулке, отсюда невдалеке. Дом номер два, во дворе, от ворот налево.

– Как же будет, Людмилочка?

die vielen Menschen, oder der Alte beobachtete sie über die Brille hinweg mit seinen bösen Augen und kratzte sich die Nase mit gekrümmtem Finger, als drohe er Paschka: «untersteh dich nicht, das Mädchen ist nicht für dich, mach daß du weiterkommst». Einmal gelang es Paschka aber doch irgendwie, mit ihr zu sprechen. Es waren wenig Leute da, der Alte war gerade hinter die Bude gelaufen, um mit einer Rute verwahrloste Gören davonzujagen.

«Meine Verehrung», sagte Paschka, und sein Herz setzte aus. «Wie darf ich Sie nennen?»

«Ludmilla», flüsterte das Mädchen schnell und glühend. «Ich kenne Sie gut, Sie haben hier mal auf der Theke Ihre Photographie liegen gelassen, ich hab sie aufbewahrt, und hab mich beinahe drein verliebt – so schön ist sie.»

Das Mädchen schob die Finger in den Ausschnitt und brachte am Schlüsselbein ein Eckchen des zerknitterten Bildchens zum Vorschein. Sie hob den Blick und errötete heftig.

«Und wie soll ich Sie nennen?»

«Paschka. Wollen Sie nicht mit mir ins Kolosseum-Theater gehen? Ein interessantes Programm wird dort gezeigt: Die Frau mit den Milliarden, erste Folge.»

«Unmöglich, Vater paßt auf.»

«Tun Sie's trotzdem!»

«Gott bewahre! Gehe ich weg, lassen sie mich nicht mehr ins Haus. Mutter ist noch schlimmer. Mutter hat auf dem Sucharewmarkt einen Stand auf ihren Namen. Schlimm, wie streng die Eltern sind, bis zur Lächerlichkeit schrecklich. Wir wohnen in der Sretenka, Proswiringasse, nicht weit von hier, Haus Nummer zwei, im Hof, vom Tor aus links.»

«Wie soll's nun werden, Ludmillotschka?»

— А так же и будет. Скорей кидайте кольца, папаша идет.

Едва Пашка начал кидать кольца, как явился папаша с хворостиной. На дочку зверем смотрит. Так ни с чем и ушел Пашка. А на следующее воскресенье явился — глядит, балаганчик заколочен. На вывеске значится: «Американское практическое бросание колец 40 шту. 25 ко.». Тут же по голубому полю выписан зеленый попугай с розовым хвостом - в клюве держит кольцо, а ветер несет с дерева мимо попугая желтые липовые листья, заметает ими со всех сторон балаган, цветники помяты, и вокруг ни души, — осень.

Тогда вспомнил Пашка слова гадалки: «Поперек дороги тебе стоит пожилой мужчина... будет тебе от него большая неприятность... зеленый попугай тебе в жизни счастье принесет...» — и такая тоска и такая досада на дуру цыганку взяла, что невозможно описать. Пашка погрозил попугаю кулаком и пошел, обдуваемый со всех сторон сквозным ветром, через поредевший, пустынный бульвар, куда глаза глядят. Вышел на Сретенку, попал в Просвирин переулок. День пасмурный, звонкий, осенний. Против хилой церковки — зеленое с белым — действительно дом номер два. Пашка вошел во двор и своротил налево, а куда дальше идти — неизвестно. Тут заиграла посреди двора шарманка, на шарманке сидит зеленый попугай с розовым хвостом и смотрит на Пашку круглым нахальным глазом с замшевыми веками. Вскоре во втором эта-

«So wird es wohl bleiben. Schnell, werfen Sie die Ringe, der Vater kommt.»

Kaum hatte Paschka angefangen, die Ringe zu werfen, als der Vater mit der Rute wieder erschien. Er sah die Tochter böse an. So ging denn Paschka fort, ohne etwas erreicht zu haben. Und als er am nächsten Sonntag wieder erscheint, da sieht er: das Budchen ist zugenagelt. Auf dem Schild steht «Amerikanisches praktisches Ringewerfen, 40 Stück 25 Kopeken.» Daneben auf blauem Feld ist ein grüner Papagei mit rosa Schwanz aufgemalt, im Schnabel hält er einen Ring, und am Papagei vorbei weht der Wind gelbe Lindenblätter vom Baum herab, wirbelt sie von allen Seiten um die Bude herum, die Blumenbeete sind zerdrückt, keine Seele ringsum – es ist Herbst.

Da kamen Paschka die Worte der Zigeunerin in den Sinn: ein älterer Mann steht dir im Wege... durch ihn wirst du große Unannehmlichkeiten haben... der grüne Papagei wird dir im Leben Glück bringen – und eine solche Sehnsucht und ein solcher Zorn auf die blöde Zigeunerin packte ihn, daß man es nicht beschreiben kann. Paschka drohte dem Papagei mit der Faust und ging, ringsherum vom Wind umweht, ohne auf den Weg zu achten durch die kahlen öden Alleen weiter. Er kam auf die Sretenka heraus, geriet in die Proswiringasse. Der Tag war trübe, gläsern, herbstlich.

Gegenüber einem kleinen armseligen Kirchlein stand tatsächlich, grün und weiß, das Haus Nummer zwei. Paschka trat in den Hof und wandte sich nach links. Wohin aber weiter, wußte er nicht. Da fing mitten im Hof ein Leierkasten an zu spielen, auf dem Leierkasten saß ein grüner Papagei mit rosa Schwanz und sah Paschka mit seinen runden, unverschämten Augen unter sämischledernen Lidern an. Bald öffnete sich im zweiten Stock ein Klappfensterchen.

же открылась форточка, из форточки высунулась нежная ручка и кинула во двор пятак, завернутый в бумажку. Сквозь двойную раму, над ватным валиком, посыпанным стриженым гарусом, среди кисейных занавесок и фикусов Пашка увидел Людмилу. Она радостно глядела на него, прижимаясь яркой щекой к стеклу, делала знаки пальчиками, разводила руками, качала головой, манила – и ничего нельзя было понять, чего она хочет. Пашка тоже стал объяснять руками – выходи, мол, плюнь на родителей, жить без тебя не могу! Но тут Людмилочку загородила толстая усатая женщина в турецкой шали, захлопнула форточку и погрозила Пашке пальцем.

Пашка поплелся домой, промучился две недели, мотался по ночам, как вор, в Просвирином переулке, пугая прохожих, извелся совсем, а на третью неделю, в воскресенье, вычистил брюки и пиджак спитым чаем, надел розовый галстук, наваксил штиблеты и пошел прямо к черту на рога – делать предложение руки и сердца. Дверь ему отомкнула сама Людмилочка, – увидела, ахнула, за сердце ручкой хватилась, но Пашка мимо нее прошел прямо в горницу, где родители после обедни пили чай с молоком, и сказал:

– Приятного аппетита. Извините, папаша, и вы, мамаша, извините, но только без Людмилочки мне не жизнь. Как увидел, так и пропал. Делайте что хотите, а я тут весь перед вами – квалифицированный слесарь по шестому разряду, плюс нагруз-

Ein zartes Händchen streckte sich heraus und warf ein in Papier gewickeltes Fünfkopekenstück in den Hof. Durch das Doppelfenster über einem Wall von Watte, mit bunten Wollgarnschnippeln bestreut, zwischen den spießigen Vorhängen und Ficuspflanzen, erblickte Paschka Ludmilla.

Sie schaute freudig auf ihn hinunter, schmiegte ihre leuchtende Wange ans Fenster, machte mit den Fingerchen Zeichen, breitete die Arme aus, schüttelte den Kopf, winkte – und es war nicht zu verstehen, was sie wollte. Paschka fing auch an, mit den Händen zu erklären: «Komm doch heraus, pfeif auf die Eltern, ich kann ohne dich nicht leben», aber da wurde Ludmillotschka durch eine dicke schnurrbärtige Frau in einem türkischen Tuch verdeckt, die das Klappfenster zuwarf und Paschka mit dem Finger drohte.

Paschka schleppte sich nach Hause, quälte sich zwei Wochen lang, streifte nachts wie ein Dieb in der Proswiringasse umher, wo er die Vorübergehenden erschreckte, und kam vollkommen herunter.

Am dritten Sonntag reinigte er Rock und Hose mit abgestandenem Tee, band sich eine rosa Krawatte um, wichste seine Stiefel und ging dem Teufel direkt gegen die Hörner, seinen Antrag zu machen für Herz und Hand. Ludmillotschka selbst öffnete ihm die Tür, griff sich ans Herzchen, aber Paschka ging an ihr vorüber in die Wohnstube, wo die Eltern nach der Andacht Tee mit Milch tranken, und sagte:

«Guten Appetit, entschuldigen Sie, Papachen, und verzeihen Sie, Mamachen, aber ohne Ludmillotschka kann ich nicht leben.

Seit ich sie gesehen habe, bin ich verloren. Machen Sie, was Sie wollen, hier steh ich vor Ihnen: qualifizierter Schlosser sechster Klasse plus Ex-

ка, хлебного вина не потребляю, член партии с двадцать третьего года, алиментов никому не выплачиваю, так что и с этой стороны все чисто.

– Никакой я вам не папаша! – закричал старичок неправдоподобным голосом. – И моя супруга вам не мамаша! Забудьте это!

– И что это еще за мода под окнами во дворе шарманку слушать и врываться к посторонним людям в квартиры, – поддержала басом супруга. – Оставьте это при себе. Скажите пожалуйста! И не таких женихов видали; подумаешь, шестой разряд! Да за Людмилочку в прошлом году один управдом с Мясницкой улицы сватался, и то отказала. Выйдите, гражданин, из квартиры. А девку на замок – тоже хороша. Нам никаких тут слесарей не надобно, особенно партийных.

– Я с одного практического бросания колец вырабатываю до тысячи рублей чистых в сезон, – запальчиво заметил папаша. – Да на четыреста рублей призов имею. Людмилочке нужен муж с капиталом для расширения дела. Одним словом, до свиданья.

– Так не отдадите? – спросил Пашка отчаянным голосом.

– Не отдадим, – пискнул папаша.

– Хорошо же, – сказал Пашка грозно, – раз вам требуется зять с капиталом для расширения дела, тогда сеанс окончен. Будете меня помнить. Я над вами такое сделаю... Прощай, Людмилочка, не сдавайся, жди.

travergütung, Mitglied der Partei seit 1923, trinke keinen Branntwein, habe niemandem Alimente zu zahlen, so daß auch von dieser Seite aus alles in Ordnung ist.»

«Ich bin für Sie nicht Papachen», schrie der Alte mit unmenschlicher Stimme, «und meine Gattin ist für Sie nicht Mamachen! Verstanden!»

«Und was ist das auch für eine Art, im Hof unter den Fenstern dem Leierkasten zu lauschen und zu unbekannten Leuten in die Wohnung einzudringen», unterstützte ihn die Gattin mit Baßstimme, «halten Sie sich gefälligst zurück. Und hören Sie mal! Wir haben ganz andere Freier gesehen. Denk mal an, sechste Klasse! Voriges Jahr hat sogar ein Hausverwalter aus der Mjasnitzkaja um Ludmilla angehalten, auch den habe ich ausgeschlagen. Verlassen Sie bitte die Wohnung, Bürger! Und das Mädchen – hinterm Riegel ist sie auch schön. Wir brauchen hier keine Schlosser, und schon garkeine aus der Partei.»

«Mit dem Praktischen Ringewerfen allein verdien ich bis zu tausend Rubel bar in der Saison», bemerkte der Vater streitsüchtig, «und die Preise die ich besitze, haben einen Wert von vierhundert Rubel. Ludmillotschka braucht einen Mann mit Kapital, um das Geschäft zu vergrößern. Mit einem Wort, auf Wiedersehn!»

«Also Sie geben sie nicht her?» fragte Paschka mit verzweifelter Stimme.

«Nein, wir geben sie nicht her», piepste der Alte.

«Also gut», sagte Paschka drohend, «wenn Sie einen Schwiegersohn mit Kapital zum Ausbau Ihres Unternehmens brauchen, dann Schluß der Vorstellung. Sie werden an mich denken, ich werde Ihnen noch schön mitspielen... Leb wohl Ludmillotschka, gibt nicht nach, warte!»

А Людмилочка сидела в прихожей на сундуке и ломала руки.

Плотно сжав челюсти, Пашка вышел на улицу, отправился на Сухаревский рынок и купил острый кухонный нож. Пришел домой и заперся на крючок. Зима пришла и ушла. С Чистых прудов на дровнях вывезли лед. Пашка аккуратно ходил на работу, ни одного часа не прогулял, а по ночам сидел дома на крючке, и соседи слышали у него в комнате тихий звон, – на гитаре, что ли, учился играть, неизвестно. Тронулась река. Солнце начала припекать, позеленели, распушились деревья, на Чистые пруды привезли на подводах лодки. Фотографы развесили на аллеях свои кремли и лунные ночи. По вечерам на бульварах началось гулянье.

Каждое воскресенье Пашка аккуратно выходил на Чистые пруды посмотреть, не открылся ли балаган. Он был закрыт. Зеленый попугай с розовым хвостом сидел на побелевшем от непогоды голубом поле и держал в клюве кольцо, а над ним висели свежие ветви липы. Пашка был худ и мрачен. В одно прекрасное воскресенье он пришел, и балаган был открыт. В дверях толпились зеваки. Внутри ярко горели лампы. Слышался металлический звон и хохот.

Пашка раздвинул плечами толпу и вежливо подошел к стойке. Круглые скулы подпивали каленые его глаза. Людмилочка подбирала кольца. Едва он вошел, румянец схлынул с ее лица, она стала насквозь прозрачна, глаза потемнели, а ротик сделался

Ludmillotschka aber saß im Flur auf einer Truhe und rang die Hände.

Paschka biß die Zähne zusammen, trat auf die Straße hinaus, begab sich auf den Sucharew-Markt und kaufte sich ein scharfes Küchenmesser. Zu Hause angekommen, schloß er sich ein. Der Winter kam und verging. Von den «Reinen Teichen» fuhr man Eisblöcke auf Schlitten weg. Paschka ging regelmäßig zur Arbeit, verbummelte keine Stunde, aber die Nächte über hockte er eingeschlossen zu Hause, und die Nachbarn hörten aus seinem Zimmer ein leises Klingen. Ob er wohl Gitarre spielen lernte? Man erfuhr es nicht. Der Fluß ging auf. Die Sonne begann zu wärmen, die Bäume schlugen aus und wurden grün, zu den «Reinen Teichen» wurden auf Lastwagen Boote herangefahren. Die Photographen hängten in den Alleen ihre Kremls und Mondnächte aus. An den Abenden belebten sich die Anlagen mit Spaziergängern.

Jeden Sonntag ging Paschka pünktlich zu den «Reinen Teichen», um nachzusehen, ob die Bude noch nicht geöffnet sei. Sie war geschlossen. Der grüne Papagei mit dem rosa Schwanz saß auf dem vom schlechten Wetter verblaßten blauen Feld und hielt einen Ring im Schnabel, während über ihm die frischen Lindenzweige hingen. Paschka war abgemagert und finster. Eines schönen Sonntags kam er hin, da war die Bude geöffnet. Am Eingang drängten sich die Gaffer. Innen brannten hell die Lampen. Man hörte das Klirren von Metall und Gelächter.

Paschka schob die Menge mit den Schultern auseinander und trat höflich an die Theke. Stahlhart blitzten seine Augen über den starken Backenknochen. Ludmillotschka sammelte die Ringe auf. Kaum war er eingetreten, als alle Farbe aus ihrem Gesicht wich, sie wurde durchsichtig blaß, die Augen dunkel, und das Mündchen

еще вишневей. Папаша поправил очки и подался немного назад.

— Разрешите, товарищи, — угрюмо произнес Пашка, отстраняя плечом кидавшего кольца парня, и, не глядя на старика, кивнул девушке.

Как неживая, она подала ему кольца. Он коснулся ее холодных пальцев и бросил на прилавок трешку.

— Ты бы, товарищ, тачку нанял самовары возить, — хихикнули сзади.

Пашка, не оборачиваясь, взял кольцо и небрежно его кинул. Нож даже не дрогнул. Раздался краткий звяк. Кольцо было накинуто, не задев ножа. Старичок торопливо почесал нос и с опаской положил перед Пашкой коробку конфет фабрики Бабаева. Пашка отодвинул ее в сторону и, отодвигая, как бы невзначай пустил второе кольцо. Так же легко и коротко оно село на другой нож. И не успел старичок досеменить до полки, чтобы подать вторую коробку, как Пашка плоско метнул вслед ему одно за другим три новых кольца, и они легко, почти беззвучно, сели на три новых ножа. Народ смолк.

Старик обратил к Пашке маленькое свое лицо и заморгал глазками. Темная капля пота сползла по его лбу, как клоп. Штаны его стали мешковаты и слегка осели. Пашка стоял нога на ногу, облокотясь о прилавок, и позванивал горстью колец.

— Так как же будет, папаша, с Людмилочкой? — негромко спросил он и равнодушно осмотрелся по сторонам.

glich noch mehr einer Kirsche. Der Vater rückte seine Brille zurecht und trat etwas zurück.

«Gestatten Sie, Genossen», sagte Paschka mürrisch, schob mit der Schulter einen Burschen zur Seite, der Ringe warf, und ohne den Alten anzusehen, nickte er dem Mädchen zu.

Sie reichte ihm, fast leblos, die Ringe. Er berührte ihre kalten Finger und warf einen Dreirubelschein auf den Tisch.

«Du solltest einen Karren mieten, Genosse, um die Samoware wegzufahren», kicherten sie von hinten.

Ohne sich umzuwenden, nahm Paschka einen Ring und tat einen nachlässigen Wurf. Das Messer erzitterte nicht einmal. Ein kurzes Klirren ertönte. Der Ring war über das Messer gefallen ohne es zu berühren. Der Alte kratzte sich schnell die Nase und legte mißtrauisch eine Schachtel Babajew-Konfekt vor Paschka hin. Paschka schob sie zur Seite und warf dabei wie beiläufig den zweiten Ring. Genau so leicht und sicher fiel er über ein anderes Messer.

Und noch hatte der Alte keine Zeit gefunden, bis zum Regal zu trippeln, um die zweite Schachtel zu reichen, als Paschka schon hinter ihm her, einen nach dem anderen, flach drei Ringe warf, die leicht, fast lautlos, über drei andere Messer fielen. Die Menge verstummte.

Der Alte wandte Paschka sein kleines Gesicht zu und zwinkerte mit den Augen. Ein dunkler Schweißtropfen kroch wie eine Wanze über seine Stirn. Seine Hosen rutschten ein wenig herunter und wirkten sackartig. Paschka stand mit übereinandergeschlagenen Beinen an die Theke gelehnt und klingelte mit einer Handvoll Ringe.

«Also, wie wird es mit Ludmillotschka werden, Papachen», fragte er leise und blickte gleichgültig zur Seite.

— Не отдам, — сказал папаша тихим дискантом.

— Не отдадите? — сказал Пашка сонно. — Хорошо. Эй, малый, сбегай к Покровским воротам за тачкой, получишь самовар. Посторонитесь, папаша, чуток.

Лицо Пашки сделалось чугунным. На лбу вздулась вена. Он легко взмахнул напряженной рукой. Из его пальцев бегло полетели молнии. Ножи жужжали, застигнутые кольцами врасплох. Толпа выла, грохотала, росла. Народ бежал к балагану со всех сторон. Пашка почти не глядел в цель. Его глаза рассеяно блуждали. Он был страшен. Ни одно кольцо не упало в мешок. Через пять минут все было кончено. Пашка вытер лоб рукавом. Толпа расступилась. Возле балагана стояла тачка.

— Грузи, — сказал Пашка.

— Что же это теперь будет? — с трудом выговорил старичок и затоптался возле полок.

— А ничего не будет. Покидаю все барахло в пруд — и дело с концом.

— Да как же это так, граждане, — застонал старик по-бабьи. — Ведь одного товара, граждане, на сорок червонцев, не считая предприятия.

— А мне наплевать, хоть на сто. Мое барахло. Я его не украл, честно выиграл. Есть свидетели. Всю зиму практиковался, сна решился. Что хочу теперь, то и сделаю. Хочу — себе возьму, хочу — в пруд покидаю.

— Правильно! — закричали в толпе с упоением. — Хоть под присягу! Только, слышь, граммофон все-таки не кидай.

«Ich geb sie nicht her», antwortete Papachen leise im Diskant.

«Sie geben sie nicht her», sagte Paschka schläfrig, «gut. He, Kleiner, lauf zu dem Pokrówski-Tor nach einem Karren, du bekommst den Samowar. Gehen Sie ein wenig zur Seite, Papachen.»

Paschkas Gesicht wurde eisern. Auf der Stirn schwoll eine Ader an. Er schwenkte leicht den angespannten Arm durch die Luft.

Aus seinen Fingern flogen schnelle Blitze. Die Messer summten, von den Ringen überrascht. Die Menge heulte, tobte, schwoll an. Die Leute rannten von allen Seiten zu der Bude. Paschka schaute fast nicht nach dem Ziel.

Seine Augen irrten zerstreut umher. Er war schrecklich. Nicht ein Ring fiel in den Sack. Nach fünf Minuten war alles zu Ende. Neben der Bude stand der Karren.

«Lad auf», sagte Paschka.

«Was soll denn damit werden», sagte der Alte mühsam und stapfte neben den Regalen herum.

«Nichts wird sein, ich werfe den ganzen Kram in den Teich, und damit Schluß».

«Ja aber wieso denn, Bürger», jammerte der Alte weibisch, «allein an Ware ist da für vierhundert Rubel vorhanden, Bürger, nicht gerechnet den Firmenwert.»

«Aber ich spuck drauf! Und wär's für tausend. Mir gehört der Plunder. Ich hab ihn nicht gestohlen, ehrlich gewonnen. Hier sind Zeugen. Den ganzen Winter hab ich mich geübt, keinen Schlaf gehabt. Was ich will, das mach ich jetzt. Wenn ich will, nehm ich's für mich; wenn ich will, werf ich's ins Wasser.»

«Richtig», schrie die Menge mit Begeisterung. «Auch unter Eid! Nur, hörst du, das Grammophon wirf doch nicht weg!»

Добровольцы из публики быстро нагрузили тачку доверху.

— Вези, — сказал Пашка..

— Куды же это? — захныкал старичок. — Мне теперь с такими делами, граждане, хоть домой не ворочайся... Неужто утопишь?

— Утоплю, — сказал Пашка. — Вези на мостки.

— Хоть бога бы ты постеснялся.

— Бог — это пережиток темного ума, папаша. Все равно как зеленый попугай. А все дело — во! — и покрутил мускулистой рукой.

Окруженная живым кольцом напирающих людей, тачка тронулась и, въехав на лодочные мостки, остановилась. Пашка снял сверху хромовые сапоги и бросил их в воду. Толпа ахнула.

— Постой! — чужим голосом крикнул старичок, кидаясь к тачке. — Не кидай.

Тогда Пашка положил сверху на вещи свою могучую руку и, опустив глаза, тихо сказал:

— В последний раз говорю, папаша, почестному. Пускай все люди будут свидетелями. Отдайте девку и забирайте обратно барахло. На сто шагов больше к балагану не подойду, а так все равно по ветру пущу все ваше предприятие. Нету мне без Людмилочки жизни.

— Бери! — крикнул старик и махнул рукой. — Тьфу! Забирай!

— Людмилочка! — вымолвил Пашка и отступил от тачки, побледнев.

Freiwillige unter den Zuschauern luden den Karren schnell bis oben voll.

«Los», sagte Paschka.

«Wohin denn damit», jammerte der Alte. «Mit solchen Geschäften kann ich mich jetzt zu Hause nicht mehr blicken lassen Bürger... Willst du es denn wirklich ersäufen?»

«Ja, ersäufen», sagte Paschka, «fahr zum Steg.»

«Wenn du dich wenigstens vor Gott schämen würdest!»

«Gott – das ist ein Überbleibsel dunkler Vorstellungen, Papachen, genau so wie der grüne Papagei. Aber Wirklichkeit – die ist hier!» und er spannte seinen muskulösen Arm.

Umgeben von einem lebendigen Ring herandrängender Menschen, bewegte sich der Karren fort und blieb erst auf den Bootsstegen wieder stehen. Paschka nahm die Lederstiefel von oben herunter und warf sie ins Wasser. Aus der Menge kamen Stimmen des Erstaunens.

«Halt», schrie der Alte mit fremder Stimme und stürzte zum Karren, «nicht hineinwerfen!»

Da legte Paschka seine mächtige Hand auf die Sachen und sagte leise, die Augen gesenkt:

«Zum letzten Mal, Papachen, spreche ich offen mit Ihnen. Sollen alle Leute Zeugen sein. Geben Sie mir das Mädchen und nehmen Sie den Kram zurück; auf hundert Schritte werde ich mich dann der Bude nicht mehr nähern; aber wenn nicht, blase ich Ihr ganzes Unternehmen ohne weiteres in die Luft. Ohne Ludmillotschka kann ich nicht mehr leben.»

«Nimm sie», schrie der Alte und schlug mit der Hand durch die Luft. «Pfui! Hol sie dir!»

«Ludmillotschka», sagte Paschka, trat vom Karren weg und erbleichte.

Она стояла подле него, застенчиво закрывшись от людей рукавом. Даже ручки ее были розовы от стыдливого румянца.

– Сеанс окончен, граждане, можете разойтись, – сказал Пашка и так осторожно взял девушку под локоть, словно он был фарфоровый.

По всему бульвару в этот час пахло черемухой. Черемуха была повсюду – и в волосах и в воде. Невысоко над липами в густом фиолетовом небе стоял месяц, острый как нож. И его молодой свет, отражаясь в пруду, множился и дробился обручальным золотом текучих живых колец.

А вы говорите, что в наши дни невозможны сильные страсти. Очень даже возможны.

Sie stand neben ihm und verbarg vor Verlegenheit ihr Gesicht im Ärmel. Sogar ihre Händchen waren vor Scham rosa.

«Die Vorstellung ist zu Ende Bürger, ihr könnt auseinander gehen», sagte Paschka und dann faßte er das junge Mädchen so vorsichtig am Arm, als wäre es aus Porzellan.

In den ganzen Anlagen duftete es zu dieser Stunde nach Faulbeerblüten. Faulbeerduft war überall – in den Haaren und im Wasser. Dicht über den Linden stand der Mond am dunkelvioletten Himmel, scharf wie ein Messer. Und sein junges Licht brach sich, spiegelte sich im Wasser, vermehrte und teilte sich zu vielen lebendigen goldenen Trauringen.

Und ihr behauptet, daß es heutzutage keine großen Leidenschaften mehr gibt. O, es gibt noch sehr große!

Brjussow, Valerij Jakowlewitsch (1873–1924)
Brjussow, beeindruckt von Baudelaire, Verlaine und Mallarmé wurde der Begründer und Theoretiker des russischen Symbolismus. In Rußland ist er auch wegen seiner bedeutenden übersetzerischen Tätigkeit bekannt. Er hat u. a. Vergil, Molière, Goethe, Poe übersetzt.

Bunin, Iwan Alexejewitsch (1870–1953)
Bunin, aus altem Landadel stammend, war Journalist und Bibliothekar. Zeitweise stand er unter dem Einfluß der moralphilosophischen Gedanken Leo Tolstojs. Er war mit Tschechow befreundet und Mitglied der Gruppe um Gorkij. 1918 oder 1919 ist er nach Frankreich emigriert. 1933 wurde ihm der Nobelpreis verliehen.

Tolstoj, Alexej Nikolajewitsch (1883–1945)
Alexej Tolstoj stammte aus einer alten Adelsfamilie, ist aber nur entfernt mit Leo Tolstoj verwandt. Während des Ersten Weltkrieges war er Kriegsberichterstatter. 1917 schloß er sich den Weißen an. 1919 emigrierte er, aber 1922 kehrte er zurück und wurde von den Sowjets sehr gefeiert. Er schrieb Erzählungen, Romane, Dramen und eine große Biographie Peters des Großen.

Babel, Isaak Emanuilowitsch (1894–1941?)
Babels Teilnahme am Krieg gegen die Polen – er war politischer Kommissar unter Marschall Budjonny – brachte ihm später Weltruhm durch sein Buch «Die Reiterarmee», dem unser Text entnommen ist. Nach 1929 wurde er von der sowjetischen Kritik abgelehnt, nach 1935 hat er nichts mehr veröffentlicht. 1939 wurde er verhaftet; wann und wo er starb, ist unbekannt.

Scholochow, Michail Alexandrowitsch (*1905)
Scholochow wurde durch sein Romanwerk «Der stille Don» einer der populärsten sowjetischen Schriftsteller. Er repräsentiert heute – nach anfänglichen Widerstän-

den – die offizielle Kunstrichtung, den «Sozialistischen Realismus». Er ist Deputierter des Obersten Sowjet und Vorstandsmitglied des Sowjetischen Schriftstellerverbandes. 1965 hat er den Nobelpreis erhalten.

Pilnjak, Boris Andrejewitsch (1894–1938?)
Nach dem Studium an der Handelshochschule in Moskau war Pilnjak (eigentlich Wogau; sein Vater war Wolgadeutscher) Mitarbeiter verschiedener Zeitschriften. 1929 wurde er heftig angegriffen und aus der Schriftstellerorganisation ausgeschlossen. Er soll 1938 hingerichtet worden sein. Pilnjaks bevorzugtes Thema ist die Wirkung der Revolution auf die verschiedenen Charaktere und Schichten des Volkes.

Olescha, Jurij Karlowitsch (1899–1960)
Olescha verbrachte seine Jugend in Odessa. Er war zunächst Journalist. Mit dem Roman «Neid» wurde er 1927 berühmt, bald danach fiel er (bis 1956) in Ungnade. Eines seiner Hauptthemen ist das Problem des Zusammenstoßes alter Gefühle mit der neuen Wirklichkeit. Dabei kommen surrealistische und traumhafte Elemente in seine Dichtung.

Paustowskij, Konstantin Georgijewitsch (1892–1968)
Paustowskij arbeitete nach seinem Studium in verschiedenen Städten Rußlands als Journalist. Er nahm am Ersten Weltkrieg als Sanitäter teil und beteiligte sich am Bürgerkrieg. Sehr bekannt sind seine mehrbändigen Erinnerungen, in denen er Begegnungen mit Menschen, Schicksalen, Schauplätzen äußerst plastisch darstellt.

Katajew, Valentin Petrowitsch (*1897)
Katajew ist ein in der Sowjetunion sehr erfolgreicher Autor. In seinen Erzählungen heroisiert er teilweise den sozialistischen Helden, nimmt aber oft satirischen Abstand und hat ein Auge für soziale Mißstände.